DE QUÉ HABLO CUANDO
HABLO DE CORRER

colección andanzas

Libros de Haruki Murakami en Tusquets Editores

ANDANZAS

Crónica del pájaro que da cuerda al mundo
Sputnik, mi amor
Al sur de la frontera, al oeste del Sol
Tokio blues. *Norwegian Wood*
Kafka en la orilla
Sauce ciego, mujer dormida
After Dark
El fin del mundo y un despiadado
país de las maravillas
De qué hablo
cuando hablo de correr
1Q84
Libros 1 y 2
1Q84
Libro 3

MAXI

Tokio blues. *Norwegian Wood*
Al sur de la frontera, al oeste del Sol
Crónica del pájaro que da cuerda al mundo
Sputnik, mi amor
Kafka en la orilla
Sauce ciego, mujer dormida
After Dark
El fin del mundo y un despiadado
país de las maravillas
De qué hablo cuando hablo de correr
1Q84
Libros 1 y 2

HARUKI MURAKAMI
DE QUÉ HABLO CUANDO HABLO DE CORRER

Traducción del japonés de Francisco Barberán

Título original: 走ることについて語るときに僕の語ること
(Hashiru koto ni tsuite kataru toki ni boku no kataru koto)

1.ª edición en Tusquets Editores España: abril de 2010
1.ª edición en Tusquets Editores México: abril de 2010
6.ª edición en Tusquets Editores México: septiembre de 2012

© Haruki Murakami, 2007
© de las fotografías de las páginas 121-128: Masao Kageyama y Eizo Matsumura

© de la traducción: Francisco Barberán Pelegrín (Nichiza, EU & Japan Business Consulting), 2010
Diseño de la colección: Guillemot-Navares
Reservados todos los derechos de esta edición para
©Tusquets Editores México, S.A. de C.V.
Campeche 280 Int. 301 y 302 – 06100 México, D.F.
Tel. 5574-6379 Fax 5584-1335
www.tusquetseditores.com
ISBN: 978-607-421-173-3
Fotocomposición: Pacmer, S.A. – Alcolea, 106-108, 1.° – 08014 Barcelona
Impresión: Litográfica Ingramex, S.A. de C.V. – Centeno 162-1 – México, D.F.
Impreso en México

Queda rigurosamente prohibida cualquier forma de reproducción, distribución, comunicación pública o transformación total o parcial de esta obra sin el permiso escrito de los titulares de los derechos de explotación.

Índice

Prefacio
El sufrimiento como opción 9

De qué hablo cuando hablo de correr

Uno
5 de agosto de 2005 – Isla de Kauai (Hawai)
¿Quién puede reírse de Mick Jagger? 15

Dos
14 de agosto de 2005 – Isla de Kauai (Hawai)
¿Cómo se convierte alguien en un novelista
que corre? 41

Tres
1 de septiembre de 2005 – Isla de Kauai (Hawai)
Corro mis primeros cuarenta y dos kilómetros
en pleno verano ateniense 69

Cuatro
19 de septiembre de 2005 – Tokio
La mayoría de los métodos que conozco
para escribir novelas los he aprendido corriendo cada
mañana 93

Cinco
3 de octubre de 2005 – Cambridge (Massachusetts)
Aunque en aquella época yo hubiera llevado
una larga cola de caballo... 117

Seis
23 de junio de 1996 – Lago Saroma (Hokkaido)
Ya nadie golpeaba las mesas, nadie lanzaba los vasos .. 143

Siete
30 de octubre de 2005 – Cambridge (Massachusetts)
Otoño en Nueva York 165

Ocho
*26 de agosto de 2006 – En una ciudad de la costa
de Kanagawa*
Dieciocho hasta la muerte 179

Nueve
*1 de octubre de 2006 – Ciudad de Murakami
(prefectura de Niigata)*
Al menos aguantó sin caminar hasta el final 199

Epílogo
Por los caminos de todo el mundo 225

Prefacio
El sufrimiento como opción

La existencia de una máxima que dice que un auténtico caballero nunca habla de las damas con las que ha roto, ni de los impuestos que ha pagado es..., es una mentira como una catedral. De hecho, acabo de inventármela. Disculpen. Pero, si de veras existiera una máxima como ésta, tal vez otra de las condiciones para ser un auténtico caballero sería la de no hablar nunca de los métodos que utiliza para conservar su salud. En efecto, los caballeros de verdad no suelen prodigar charlas en público sobre este tema. Al menos así me lo parece a mí.

Por supuesto, como todos saben, yo no soy un auténtico caballero, de modo que estas cosas tampoco me preocupan en exceso, pero, aun así, escribir un libro como éste me causa cierto apuro. Y lo siento si esto suena a excusa, pero, aunque este libro trate sobre el hecho de correr, no trata sobre métodos para la conservación de la salud. No pretendo aquí promocionar ideas del tipo: «Venga, salgamos todos a correr cada día y llevemos una vida saludable». Como mucho, me limitaré unas veces a reflexionar y otras a preguntarme sobre lo que ha supuesto para mí, como persona, el hecho de correr habitualmente.

Somerset Maugham escribió que «todo afeitado encierra también su filosofía». Viene a decir con eso que al realizar cualquier acto, por trivial que sea, con el paso de los días acaba por surgir algo similar a una contemplación filosófica. También yo quiero sumarme, de corazón, a esta teoría de Maugham. Por ello, aunque –sea en mi condición de escritor o en la de corredor– escriba ahora este modesto texto privado sobre el hecho de correr, lo ponga en letras de imprenta y lo publique, no creo que me aparte de mi camino. Tal vez se deba a mi complicada manera de ser, pero, como soy una persona incapaz de pensar a fondo sobre algo si antes no intento convertirlo en letras, también para poder reflexionar sobre el sentido del correr tenía que ponerme manos a la obra e intentar escribir un texto como éste.

Un día, mientras leía el *International Herald Tribune* tumbado en la habitación de un hotel de París, encontré por casualidad un especial dedicado a los corredores de maratón. En él entrevistaban a un montón de corredores famosos y, entre otras cosas, les preguntaban qué clase de mantras recitaban en el interior de sus mentes para conseguir autoestimularse durante la carrera. Era muy interesante. Cuando lo leí, quedé admirado al comprobar las cosas tan diversas que la gente pensaba para poder correr aquellos 42,195 kilómetros. Así de terriblemente despiadado era el maratón: un deporte imposible de practicar si uno no se recitaba mantras a sí mismo o hacía algo por el estilo.

Había un corredor que decía que, ya desde que empezaba a correr, y luego durante toda la carrera, no hacía más que rumiar para sus adentros una frase que le había enseñado su hermano, que también era corredor: *Pain is inevitable. Suffering is optional*, el dolor es inevitable, pero el sufrimiento es opcional, depende de uno. Por ejemplo, cuando una persona que está corriendo piensa: «Uf, qué duro, no puedo más», lo de la dureza es un hecho inevitable, pero lo de poder o no poder más, eso queda ya al arbitrio del interesado. Creo que estas palabras resumen de manera clara y concisa lo más importante de un maratón.

Lo de intentar escribir un libro sobre correr se me ocurrió, entre unas cosas y otras, hace ya más de diez años, pero desde entonces, atormentado porque no acababa de dar con lo que buscaba, fueron pasando los días sin que me pusiera a ello. Correr. Dicho así, en una sola palabra, resulta un tema tan vago e impreciso que no sabía ni qué ni cómo escribir sobre él. No conseguía ordenar mis pensamientos.

Pero, cierto día, de repente me dije: «Voy a intentar transmitir lo que siento, lo que pienso, en un texto escrito a mi manera, de modo natural, volcando en él las cosas tal como están en mi cabeza. Al fin y al cabo, no hay otra manera de empezar», así que, a partir del verano de 2005, empecé a escribir partiendo desde cero, paso a paso, y en otoño de 2006 había terminado. En alguna ocasión reproduzco textos que escribí en el pasado, pero la mayor parte de lo escrito es sólo «mi sentir actual». Y es que escribir honestamente sobre el hecho de correr es también (en cierta medida) escribir honestamente sobre mí. Me di cuenta de ello cuando iba por la mitad. De ahí que suponga que no tendrán ustedes inconveniente en leer este libro tomándolo como una especie de «memorias» que giran en torno al hecho de correr.

Creo que esta obra aborda unos cuantos aspectos que, aunque no puedan calificarse de «filosóficos», sí son al menos una especie de reglas de experiencia. Tal vez no sean gran cosa, pero, al menos, son lo que he aprendido, a título estrictamente personal, a través de ese sufrimiento opcional derivado de haber puesto en funcionamiento mi cuerpo. Tal vez no resulten de mucha utilidad, pero, en cualquier caso, esto soy yo como persona.

De qué hablo cuando hablo de correr

Uno
5 de agosto de 2005 – Isla de Kauai (Hawai)
¿Quién puede reírse de Mick Jagger?

Hoy es viernes, 5 de agosto de 2005. Estoy en la costa norte de la isla de Kauai, en Hawai. El cielo está tan claro y despejado que me pasma.

Ni una nube. Ahora mismo no se aprecian siquiera indicios del concepto de nube. Llegué aquí a finales de julio. Como siempre, alquilé un apartamento y aprovecho el fresco de las mañanas para ponerme a trabajar en mi escritorio. Por ejemplo, ahora estoy escribiendo esto, un texto sobre el hecho de correr. Es verano, así que, por supuesto, hace calor. Se dice que Hawai es el archipiélago del eterno verano, pero como, a fin de cuentas, está en el hemisferio norte, cuenta con las cuatro estaciones. El verano es (relativamente) más cálido que el invierno. Pero, comparado con el calor sofocante, semejante a una tortura, que se siente entre el hormigón y el ladrillo de Cambridge (Massachusetts), lo de Hawai es como estar en el paraíso. No hace falta el aire acondicionado. Basta con dejar la ventana abierta para que entre una refrescante brisa. Cuando les digo que me voy a pasar agosto a Hawai, toda la gente de Cambridge siempre se sorprende:

«Pero ¿tú estás bien? Con el calor que hace allí, ¿te vas en pleno verano a un sitio como ése?». Es porque no lo saben. No saben hasta qué punto consiguen los vientos alisios, que soplan incesantes desde el nordeste, refrescar el verano de Hawai. Tampoco saben lo felices que nos hace, a los que estamos aquí, esta vida en la que puedes disfrutar de la lectura a la fresca sombra de un aguacate y luego, cuando te apetece, irte sin más a dar un baño en una cala del Pacífico Sur.

Desde que llegué a Hawai también he salido a correr sin falta a diario. Pronto se cumplirán dos meses y medio desde que retomé la costumbre de correr todos los días, sin saltarme ni uno, salvo cuando me es absolutamente imposible. Esta mañana he metido en mi *walkman* un *minidisc* en el que había grabado dos álbumes de los Lovin' Spoonful, *Daydream* y *Hums of the Lovin' Spoonful,* y he corrido durante una hora y diez minutos escuchándolos.

Como estoy en un periodo en que lo que busco es aguantar y aumentar la distancia que recorro, por ahora los tiempos no me preocupan. Simplemente me lo tomo con calma y voy aumentando poco a poco la distancia que recorro. Cuando siento la necesidad de correr más rápido, simplemente incremento la velocidad. Pero, si aumento el ritmo, acorto el tiempo de carrera, así que procuro conservar y aplazar hasta el día siguiente las buenas sensaciones que experimenta mi cuerpo al correr. Idéntico truco utilizo cuando escribo una novela larga: dejo de escribir en el preciso momento en que siento que podría seguir escribiendo.

Si lo hago así, al día siguiente me resulta mucho más fácil reanudar la tarea. Creo que Ernest Hemingway también escribió algo parecido, del estilo «continuar es no romper el ritmo». Para los proyectos a largo plazo, eso es lo más importante. Una vez que ajustas tu ritmo, lo demás viene por sí solo. Lo que sucede es que, hasta que el volante de inercia empieza a girar a una velocidad constante, todo el interés que se ponga en continuar nunca es suficiente.

Mientras corría ha llovido un poco, pero ha sido sólo una lluvia corta y agradable que ha refrescado mi cuerpo. Una densa nube se ha aproximado desde el mar y se ha situado sobre mí, ha descargado con prisas su fina lluvia, corta e intensa, como diciendo: «Tengo otros asuntos urgentes que atender», y, sin volver la vista atrás, se ha ido a alguna otra parte. Entonces ha vuelto el sol de siempre, ese que no hace distingos, y ha irradiado la tierra con ardor. Es un clima fácil de entender. No hay en él ni ambivalencias ni dificultades de comprensión, y tampoco contiene metáforas ni simbolismos. Por el camino me he encontrado con otros corredores. Había aproximadamente el mismo número de hombres que de mujeres. Los más vigorosos, los que corren golpeando con fuerza el suelo y cortando el viento al avanzar, parece que los persiga una cuadrilla de bandoleros. Por otro lado, están los corredores entrados en carnes, que corren con enorme sufrimiento: los ojos entornados, los hombros caídos y resoplando ruidosamente. Tal vez la semana pasada, después de que les diagnosticaran diabetes, su médico de cabecera les recomendó encarecidamente el ejercicio diario. Yo estoy un poco a caballo entre ambos.

La música de los Lovin' Spoonful, la escuches cuando la escuches, es estupenda. No pretende mostrar más de sí que lo necesario. Cuando escucho esta relajante música, los recuerdos de diversas cosas que me ocurrieron a mediados de los sesenta pasan lentamente ante mis ojos. Ninguno de esos episodios fue nada del otro mundo. Si se hiciera una película sobre mi vida (aunque el mero hecho de pensar en ello ya me horroriza), todas las escenas acabarían suprimidas en la sala de montaje. Seguro que dirían algo así: «Esta escena no hace falta que aparezca. No está mal, pero tampoco tiene nada de especial». Eso es. Son sólo pequeños acontecimientos sin importancia. Pero para mí son recuerdos valiosos llenos de sentido. Puede que, mientras voy recordando esto y aquello, esboce inconscientemente una sonrisa o ponga sin querer el gesto algo serio. Y, al final de ese cúmulo de recuerdos de vivencias normales y corrientes, estoy yo. Yo, aquí y ahora. En la costa norte de Kauai. Cuando pienso en la vida, a veces tengo la impresión de que no soy más que un tronco a la deriva, arrastrado por las aguas hasta una playa. Los alisios que soplan desde el faro agitan las hojas de los eucaliptos sobre mi cabeza.

Desde que a finales de mayo de este año me trasladé a Cambridge, Massachusetts, correr ha vuelto a ser uno de los pilares de mi vida cotidiana. Y corro bastante en serio. Cuando digo «correr en serio» me refiero, hablando de cifras concretas, a correr sesenta kilómetros a la semana. O sea, a correr diez kilómetros al día durante seis días a la semana. La verdad es que preferiría correr diez kilómetros al día los siete días de la semana, pero cuando no es porque llueve es porque tengo mucho trabajo y tampoco puedo correr. También hay días en que estoy cansado y no me apetece. Por eso me reservo de antemano un día a la semana de descanso. De ahí que, para mí, la cifra de sesenta kilómetros a la semana, esto es, unos doscientos sesenta kilómetros al mes, sea la referencia cuando hablo de correr en serio.

En junio cumplí con lo previsto y corrí exactamente doscientos sesenta kilómetros. En julio aumenté la distancia y subí a trescientos diez kilómetros. Eso implica que corrí exactamente diez kilómetros al día sin descansar ninguno. Por supuesto, no corría cada día exactamente diez kilómetros, sino que, por ejemplo, si un día corría quince, al día siguiente sólo corría cinco. Vamos, que corría diez kilómetros al día de promedio (lo que, a ritmo de *footing*, significa más o menos una hora corriendo). Esto es para mí correr a un nivel bastante serio. Desde que llegué a Hawai, he mantenido este ritmo de diez kilómetros diarios. Hace ya tiempo que corro esta distancia de un tirón.

Para los que no lo han vivido nunca, el verano en Nueva Inglaterra puede ser infinitamente más severo de lo que imaginan. A veces hace fresco y se está a gusto, pero enseguida retornan los habituales días desagradables en los que el calor resulta insoportable. Cuando sopla el viento, aún se puede sobrellevar. Sin embargo, en cuanto el viento cesa, esa humedad proveniente del mar, que parece niebla, se convierte en una fina película y se adhiere con firmeza a tu cuerpo. Sólo con correr una hora por la ribera del río Charles, todo lo que llevo puesto acaba tan empapado de sudor que se diría que me han echado un cubo de agua por encima. La piel me escuece por el sol. La mente se me nubla. No consigo pensar nada coherente. Pese a todo, si le echo ganas y consigo acabar la carrera, entonces brota de mi interior una intensa sensación de frescura y renovación, que tiene también algo de autoabandono, como si me hubiera conseguido exprimir por completo.

Puedo dar varias razones que explican por qué, a partir de cierto momento, dejé irremediablemente de poder correr «en serio». En primer lugar, está el hecho de que, al irse volviendo la vida más ajetreada, uno ya no puede tomarse en el día a día todo el tiempo libre que desea. Tampoco es que yo, de joven, contara con todo el tiempo para mí que quería, pero al menos no tenía que atender tal cantidad de labores cotidianas. No sé por qué, pero, según parece, esto de las labores cotidianas es algo que aumenta con la edad. Además, también está el hecho de que mi interés empezara a orientarse más hacia el triatlón que hacia el maratón.

Como saben, en el triatlón, además de correr, también hay una prueba de natación y otra de bicicleta. Yo, que soy corredor, no debería tener especiales problemas para acometer la parte de carrera, pero para acostumbrarme a las otras dos iba a tener que llevar a cabo unos entrenamientos específicos. Tuve que rectificar mi estilo de natación desde el principio, aprender la técnica para montar en bicicleta y preparar bien los músculos para todo ello. Eso requiere tiempo y esfuerzo. Así que tuve que reducir el tiempo que dedicaba a correr.

Pero la razón principal por la que ya no podía correr con suficiente diligencia y entusiasmo fue que, a partir de cierto momento, empecé a sentirme algo hastiado del hecho de «correr». Había empezado a correr en el otoño de 1982 y, desde entonces, había corrido sin interrupción durante casi veintitrés años. Había hecho *footing* casi todos los días, había corrido por lo menos un maratón al año (contándolos, he corrido veintitrés hasta ahora) y, además, había participado en incontables carreras de todo tipo de distancias, tanto largas como cortas, por todos los lugares del mundo. Correr largas distancias siempre había ido bien con mi naturaleza. Simplemente, disfrutaba corriendo. Correr era para mí, de entre las numerosas costumbres adquiridas a lo largo de mi vida, tal vez la más provechosa y la que más sentido tenía. Y creo que, gracias a haber corrido ininterrumpidamente durante veintitantos años, mi cuerpo y mi espíritu se fueron formando y fortaleciendo.

No puede decirse que yo esté hecho para los deportes de equipo. Para bien o para mal, es algo con lo que se nace. Siempre que juego al fútbol o al béisbol (salvo durante mi infancia, es algo poco frecuente), no puedo evitar sentirme ligeramente incómodo. Tal vez se deba a que no tengo hermanos, pero lo cierto es que los juegos de equipo no me apasionan nada. En cuanto a los juegos en que se enfrentan dos personas, como el tenis, tampoco puedo decir que sean mi fuerte. El squash me gusta, pero, cuando juego un partido, tanto si gano como si pierdo, no acabo de quedarme convencido. Los deportes de combate también se me dan mal.

Por supuesto, yo también tengo mi pundonor y no me gusta perder. Pero desde antaño, no sé por qué, nunca he tenido especial interés en competir con los demás para ver quién gana o pierde. Y esta tendencia no ha cambiado, en general, al hacerme adulto. En este y en otros ámbitos, no me preocupa en exceso si gano o me ganan. Me interesa más ver si soy o no capaz de superar los parámetros que doy por buenos. Y, en este sentido, las carreras de fondo encajaban perfectamente con mi mentalidad.

Si uno prueba a correr un maratón se da cuenta de ello: a los corredores de fondo no les importa demasiado que otro corredor les supere o superar a otro durante la carrera. Por supuesto, si uno llega a ser un corredor de elite de los que aspiran a la victoria, entonces superar al rival que se tiene delante cobra mucha importancia, pero en general, para los que no formamos parte de esa elite, una victoria o una derrota en particular no es crucial. Es posible también que, entre estos últimos, haya quien corra con la motivación de no querer que le gane tal o cual persona, y quizás eso les sirva de estímulo para entrenar. Pero si tu motivación para correr una carrera desaparece (o disminuye) cuando determinado rival, por los motivos que sean, no puede participar en ella, está claro que no aguantarás mucho como corredor.

La mayoría de los corredores suele afrontar las carreras fijándose de antemano un objetivo concreto, del estilo: «Esta vez intentaré hacerlo en tal tiempo». Si consiguen recorrer cierta distancia en el tiempo que se han fijado, entonces «han conseguido algo», y, si no lo logran, entonces «no lo han conseguido». Pero, aun suponiendo que no logren correr en el tiempo que se han fijado, si al acabar sienten la satisfacción de haber hecho todo lo posible, si experimentan una reacción positiva que les vincule con la siguiente carrera, la sensación de haber descubierto algo grande, tal vez ello suponga ya, en sí mismo, un logro. En otras palabras, el orgullo (o algo parecido) de haber conseguido terminar la carrera es el criterio verdaderamente relevante para los corredores de fondo.

Lo mismo cabe decir respecto del trabajo. En la profesión de novelista (al menos para mí) no hay victorias ni derrotas. Tal vez el número de ejemplares vendidos, los premios literarios, o lo buenas o malas que sean las críticas constituyan una referencia de los logros obtenidos, pero no los considero una cuestión esencial. Lo más importante es si lo escrito alcanza o no los parámetros que uno mismo se ha fijado, y frente a eso no hay excusas. Ante otras personas, tal vez, uno pueda explicarse en cierta medida. Pero es imposible engañarse a uno mismo. En este sentido, escribir novelas se parece a correr un maratón. Por explicarlo de un modo básico, para un creador la motivación se halla, silenciosa, en su interior, de modo que no precisa buscar en el exterior ni formas ni criterios.

Para mí, correr, al tiempo que un ejercicio provechoso, ha sido también una metáfora útil. A la par que corría día a día, o a la vez que iba participando en carreras, iba subiendo el listón de los logros y, a base de irlo superando, el que subía era yo. O, al menos, aspirando a superarme, me iba esforzando día a día para conseguirlo. Ni que decir tiene que no soy un gran corredor. Mi nivel es extremadamente corriente (por no decir mediocre, un término quizá más adecuado). Pero eso no es en absoluto importante. Lo importante es ir superándose, aunque sólo sea un poco, con respecto al día anterior. Porque si hay un contrincante al que debes vencer en una carrera de larga distancia, ése no es otro que el tú de ayer.

Sin embargo, mediada la cuarentena, ese sistema de autoevaluación empezó a sufrir algunos cambios. Por decirlo con sencillez, empecé a no poder aumentar el tiempo que permanecía corriendo. En cierta medida, sobre todo si uno piensa en la edad, eso es inevitable.

En algún momento de su vida, todo el mundo alcanza la cota más alta de su capacidad física, y después viene el declive. Por supuesto, ese momento varía según los casos, pero, por lo general, los nadadores en la primera mitad de la veintena, los boxeadores en la segunda, y los jugadores de béisbol en la primera mitad de la treintena, tienen que pasar por encima de esa invisible cordillera que divide las aguas. Y esa cordillera no se puede bordear. Una vez le pregunté a un oftalmólogo si en este mundo había alguien que se librara de padecer presbicia, y él, muy divertido ante la pregunta, me contestó entre risas que él, al menos, aún no había conocido a nadie. Suele ser así en todos los ámbitos (sin embargo, por fortuna, los artistas constituyen un caso aparte. Por ejemplo, Dostoievski escribió sus dos novelas largas más significativas, *Los demonios* y *Los hermanos Karamázov,* en los últimos años de los sesenta que vivió. Domenico Scarlatti compuso a lo largo de su vida quinientas cincuenta y cinco sonatas para clavicémbalo, pero escribió la mayoría de ellas entre los cincuenta y siete y los sesenta y dos años).

En mi caso, el apogeo como corredor me llegó pasados los cuarenta y cinco años. Hasta entonces corría un maratón en unas tres horas y media. Eso supone ir a un ritmo exacto de cinco minutos por kilómetro. Había ocasiones en que lograba bajar de las tres horas y media, y ocasiones en que no (aunque estas últimas eran más frecuentes). El caso es que, en más o menos ese tiempo, podía correr un maratón con relativa facilidad. Incluso cuando no me había ido del todo bien, no sobrepasaba las tres horas y cuarenta minutos. Es más: aunque apenas hubiera entrenado, o aunque no me encontrara físicamente muy bien, en principio era impensable que superara las cuatro horas. Eso duró algún tiempo. Pero, en algún momento, se fueron volviendo las tornas. A pesar de que entrenaba igual que antes, cada vez me costaba más completar el recorrido del maratón antes de las tres horas cuarenta, mi ritmo pasó a ser de cinco minutos y medio por kilómetro, y al final me aproximé, hasta rozarla, a la línea de las cuatro horas. Fue un shock. ¿Qué me estaba pasando? No quería pensar que fuera cosa de la edad. Y es que, en mi vida cotidiana, no tenía en absoluto la sensación de estar sufriendo un declive físico. Pero, por más que lo negara, por más que lo ignorara, los tiempos seguían aumentando inexorablemente.

Tal vez se debiera, al menos en parte, a que mis tiempos en el maratón iban dejando de ser los que cabría desear, pero el caso es que empecé a sopesar la posibilidad de correr distancias aún más largas que el maratón. Comenzaron a interesarme otros deportes, como el triatlón o el squash. Me decía: «Si no haces más que correr, quizá tu cuerpo acabe deformándose. ¿No sería mejor que lo combinaras con otros deportes y así te fueras forjando un cuerpo más compensado?».

Con una entrenadora particular, rehíce desde la base mi técnica de natación y conseguí nadar de una manera más rápida y cómoda. Así, fui también adquiriendo musculatura y mi complexión se fue transformando a ojos vista. Pero mis tiempos en el maratón seguían su firme pero lento retroceso, al igual que ocurre cuando baja la marea. Correr ya no me resultaba algo despreocupado y divertido como antes. Entre el correr y yo se había presentado esa época de pereza y hastío que les llega a muchos matrimonios. Esa época dominada por la desilusión de no ver recompensados suficientemente los esfuerzos y la sensación de bloqueo porque esa puerta que debería estar abierta se ha cerrado irremisiblemente en algún momento. Denominé a eso *runner's blue*, la «tristeza del corredor». Más adelante les contaré con mayor detalle a qué clase de tristeza me refiero.

Sin embargo, al regresar a Cambridge después de diez años (con anterioridad había vivido en esta ciudad dos años, de 1993 a 1995, en la época en que era presidente Bill Clinton) y volver a tener ante mis ojos el río Charles, brotó nuevamente en mí, no sé muy bien de dónde, el deseo de correr. Los ríos, a no ser que sufran cambios trascendentales, no varían mucho con el paso de los años, pero me pareció que el río Charles estaba especialmente igual que siempre. Había transcurrido el tiempo, los estudiantes eran otros, yo tenía diez años más, y por debajo del puente había corrido, literalmente, mucha agua. Con todo, el río en sí no había cambiado ni un ápice y seguía mostrando su apariencia de antaño. El caudaloso curso de agua fluía silencioso hacia la bahía de Boston. Remojando las orillas, haciendo brotar las verdes plantas estivales, alimentando a las aves acuáticas, pasando bajo el viejo puente de piedra, reflejando las nubes en verano (o llevando a flote cascos de hielo en invierno), sin prisa pero sin pausa, como esas ideas inmutables que han conseguido sobrevivir a numerosas revisiones, el río simplemente seguía, silencioso, su camino hacia el mar.

Para cuando había puesto en orden todo el equipaje que había traído de Japón, había concluido los diversos trámites administrativos y me había instalado del todo, ya había empezado a correr de nuevo con entusiasmo. Había resurgido en mi vida la alegría de volver a correr pisoteando el mismo suelo por el que antaño solía hacerlo, mientras aspiraba el aire fresco de las primeras horas de la mañana. El sonido de los pasos, el de la respiración y el de los latidos del corazón se entrelazaban e iban componiendo un peculiar polirritmo. El río Charles es una especie de santuario de las regatas. En él siempre hay alguien remando en una embarcación. Yo corro como si compitiera contra los remeros. Por supuesto, casi siempre son más rápidos ellos. Pero, si se trata de un simple bote que boga tranquilamente contra corriente, a veces la competición resulta más interesante.

Tal vez sea porque allí se celebra el Maratón de Boston, pero el caso es que en Cambridge hay muchos corredores. Los caminos para hacer *footing* se prolongan a lo largo de toda la ribera del río Charles, de modo que, si a uno le apetece, puede ir corriendo hasta donde quiera y durante todo el tiempo que quiera.

Eso sí, como se trata de vías de uso compartido con las bicicletas, siempre hay que tener en cuenta que una de ellas puede aparecer detrás de ti a toda velocidad. Y, como también hay muchas grietas en el piso, es preciso estar atento para no tropezar. También resulta exasperante quedarse atrapado en un semáforo y tener que esperar. Al margen de eso, los recorridos son muy agradables.

Cuando corro, por lo general, escucho música rock. A veces también jazz. Pero, desde el punto de vista de la adecuación al ritmo de carrera, el rock se me antoja lo más recomendable como acompañamiento. Por ejemplo, los Red Hot Chili Peppers, los Gorillaz, o los Beck, o grupos más antiguos, como los Creedence Clearwater Revival o los Beach Boys. Lo mejor es un ritmo lo más simple posible. Actualmente muchos escuchan su *ipod* mientras corren, pero yo prefiero el *minidisc,* al que estoy acostumbrado. En comparación con el *ipod,* es un poco más grande y su capacidad de almacenamiento es notablemente inferior, pero para mí es más que suficiente. Por ahora, no quiero mezclar la música con la informática. Es lo mismo que lo de no mezclar la amistad o el trabajo con el sexo.

Como ya he dicho, en julio corrí trescientos diez kilómetros. Hubo dos días de lluvia y otros dos en que, a causa del traslado, no pude correr. Y hubo muchos días en los que el calor se volvió insoportable. Así pues, que consiguiera correr trescientos diez kilómetros no estaba mal. No estaba nada mal. Si correr doscientos sesenta kilómetros al mes es «correr en serio», lograr trescientos diez debería ser ya «correr muy en serio». A medida que aumentaba la distancia de carrera, mi peso también disminuía. En dos meses y medio bajé siete libras y la grasa que había empezado a acumularse ligeramente alrededor de mi estómago también se esfumó. Siete libras. Eso son unos tres kilos largos. Me gustaría que imaginaran que van a una carnicería, piden tres kilos de carne y luego vuelven a casa caminando con ellos en la mano; tal vez así puedan hacerse una idea de lo que significa cargar con ese peso. Cuando pienso que vivía con semejante peso adherido a mi cuerpo, experimento un sentimiento bastante complejo. Y es que, aunque en mi vida en Boston nunca faltan la cerveza de barril (la Summer Ale de Samuel Adams) ni los Dunkin' Donuts, los resultados del ejercicio físico continuado hablan por sí solos.

Tal vez parezca un poco estúpido que alguien de mi edad deje constancia por escrito y a estas alturas de lo que ahora comentaré, pero, para dejar claras las cosas, debo decir que soy más bien de los que prefieren estar solos. O, para expresarlo con mayor precisión, yo soy de esos a los que no les produce tanto sufrimiento el hecho de estar solos. Correr cada día completamente solo durante una hora o dos sin hablar con nadie, o pasar cuatro o cinco horas escribiendo a solas y en silencio frente a una mesa, no me resulta especialmente duro ni aburrido. Ha sido así, sin grandes cambios, desde que era joven. Prefería leer un libro a solas y en silencio, o escuchar música concentrado, a hacer algo con alguien. Si se trataba de hacer algo solo, se me podían ocurrir un montón de cosas.

Sin embargo, desde que me casé, cosa que hice cuando era muy joven (tenía veintidós años), también me fui acostumbrando a vivir en compañía de alguien. Y, desde que salí de la universidad, regenté un bar, así que también aprendí la importancia de relacionarme con los demás. Aunque sea un hecho evidente, no se puede vivir completamente solo, y eso lo aprendí por propia experiencia. En consecuencia, y tal vez de un modo algo distorsionado, poco a poco fui haciendo mía una suerte de sociabilidad. En retrospectiva, me parece que entre los veinte y los treinta mi visión del mundo experimentó no pocos cambios y, como persona, también crecí algo. Y es que, a fuerza de golpearme la cabeza por las esquinas, fui aprendiendo algunos trucos prácticos para sobrevivir. Si a lo largo de esos diez años no hubiera vivido esas duras experiencias, sin duda tampoco habría escrito nunca una novela o, aunque me lo hubiera planteado, no habría podido escribirla. Aun así, el carácter de una persona tampoco puede variar esencialmente de una manera drástica. En mi interior siempre ha anidado el deseo de permanecer completamente solo. Por eso, el simple hecho de correr una hora todos los días, asegurándome con ello un tiempo de silencio sólo para mí, se convirtió en un hábito decisivo para mi salud mental. Al menos cuando corría no tenía que hablar con nadie ni que escuchar a nadie. Bastaba con contemplar el paisaje que me rodeaba y mirar hacia mi interior. Eran momentos preciosos e insustituibles.

A menudo me preguntan en qué pienso cuando estoy corriendo. Los que me formulan preguntas de esta índole son, por lo general, personas que nunca han vivido la experiencia de correr durante una larga temporada. Y cada vez que me hacen una pregunta de esta clase, no puedo evitar sumirme en una profunda reflexión: «Vamos a ver, ¿realmente en qué pienso mientras corro?». Y, para ser franco, no consigo recordar bien en qué he venido pensando hasta ahora mientras corría.

Ciertamente, los días en que hace frío, pienso un poco en el frío. Los días en que hace calor, pienso un poco en el calor. Cuando estoy triste, pienso un poco en la tristeza. Cuando estoy alegre, pienso un poco en la alegría. Como ya he comentado, en ocasiones recuerdo de manera deslavazada sucesos que ocurrieron hace mucho. De vez en cuando (aunque esto no me ocurre más que muy de vez en cuando) me viene de pronto a la mente alguna idea, apenas un esbozo, para una novela. Pese a todo, realmente casi nunca pienso en nada serio.

Mientras corro, simplemente corro. Como norma, corro en medio del vacío. Dicho a la inversa, tal vez cabría afirmar que corro para lograr el vacío. Y también es en el vacío donde se sumergen esos pensamientos esporádicos. Es lógico. Porque en el interior de la mente humana es imposible lograr el vacío absoluto. El espíritu humano no es ni tan fuerte ni tan consistente como para poder albergar el vacío absoluto. Sin embargo, esos pensamientos (o esas ideas) que penetran en mi espíritu mientras corro no son, en definitiva, más que meros accesorios del vacío. No son contenido, son pensamientos generados en torno al eje de la vacuidad.

Los pensamientos que acuden a mi mente cuando corro se parecen a las nubes del cielo. Nubes de diversas formas y tamaños. Nubes que vienen y se van. Pero el cielo siempre es el cielo. Las nubes son sólo meras invitadas. Algo que pasa de largo y se dispersa. Y sólo queda el cielo. El cielo es algo que, al tiempo que existe, no existe. Algo material y, a la vez, inmaterial. Y a nosotros no nos queda sino aceptar la existencia de ese inmenso recipiente tal cual es e intentar ir asimilándola.

He rebasado ya los cincuenta y cinco años de edad. De joven me resultaba inconcebible que llegara el siglo XXI y que yo superara la cincuentena. Por supuesto, era evidente que algún día llegaría el siglo XXI (a no ser que ocurriera algo) y que para entonces yo habría rebasado la cincuentena, pero, de joven, imaginarme a mí mismo con esa edad me costaba tanto como intentar imaginar al detalle el mundo de ultratumba. Cuando Mick Jagger era joven, se jactó de que preferiría morir antes que seguir cantando «Satisfaction» a los cuarenta y cinco. Pero lo cierto es que, incluso ahora que ya ha superado los sesenta, sigue cantando «Satisfaction». Hay quien se ríe de ello. Yo no puedo. Porque, de joven, Mick Jagger tampoco era capaz de imaginarse a sí mismo con cuarenta y cinco años. Y lo mismo me pasaba a mí. ¿Puedo reírme yo de Mick Jagger? No. Lo que pasa es que, por azar, yo no era un joven y afamado cantante de rock como él. Así pues, aunque en aquella época yo dijera cosas muy estúpidas, ahora nadie las recuerda, de modo que tampoco pueden ser reproducidas. ¿No es acaso ésa la única diferencia?

Y, ahora, me hallo ya y vivo dentro de ese mundo «antes inimaginable». Si lo pienso, me resulta algo curioso. Ni yo mismo soy capaz de discernir con claridad si la persona que soy, y que se encuentra en ese mundo, es feliz o infeliz, pero tampoco creo que merezca la pena preocuparse en exceso por eso. Para mí –y quizá para todo el mundo–, ésta ha sido la primera vez desde que nací que he experimentado lo que es envejecer, y la sensación que eso trae aparejada también es nueva. Si la hubiera experimentado con anterioridad, siquiera una vez, seguramente habría podido discernir muchas más cosas y con mayor claridad, pero el caso es que, al tratarse de la primera vez, no resulta nada fácil. Así que, en lo que a mí respecta, por el momento sólo puedo dejar para más adelante las valoraciones de detalle, aceptar las cosas como son e ir viviendo con ello. Es exactamente lo mismo que con el cielo, las nubes o el río. Además, tengo la impresión de que también hay en ello una especie de chispa que, según se mire, no es en absoluto despreciable.

Como ya he dicho, sea en la vida cotidiana, sea en el ámbito laboral, competir con los demás no es mi ideal de vida. Tal vez sea una perogrullada, pero el mundo es lo que es porque en él hay gente de todo tipo. Los demás tienen sus valores y llevan una vida conforme a esos valores. Yo también tengo los míos y vivo conforme a ellos. Las diferencias generan pequeños roces cotidianos y, a veces, la combinación de varios de esos roces se transforma en un gran malentendido. Como consecuencia de ello, se reciben a veces críticas infundadas. Y es evidente que no es agradable que te malinterpreten o que te critiquen. Te puedes sentir profundamente herido. Es una experiencia muy dura.

Sin embargo, a medida que uno acumula años, poco a poco va adquiriendo conciencia de que esas heridas y esa dureza son, en cierta medida, necesarias para la vida. Si se piensa con detenimiento, es precisamente porque somos muy distintos unos de otros por lo que conseguimos ponernos en marcha y perdurar como seres independientes. En mi caso, gracias a que todos somos muy distintos, puedo seguir escribiendo novelas. Puedo seguir escribiendo mis particulares historias porque, ante un mismo paisaje, capto aspectos distintos de los que captaría otra persona, y porque siento cosas distintas o elijo palabras diferentes a las que otro sentiría o elegiría. Con eso se produce también una situación inusual, y es que un número nada despreciable de personas toma en sus manos esas historias y las lee. Que yo sea yo y no otra persona, es para mí uno de mis más preciados bienes. Las heridas incurables que recibe el corazón son la contraprestación natural que las personas tienen que pagar al mundo por su independencia.

Así es básicamente como yo lo veo, y he vivido mi vida en consonancia con esta manera de pensar. Puede que, en parte, viéndolo en retrospectiva, deseara voluntariamente el aislamiento. Para las personas que tienen una profesión como la mía, aunque con sus diferencias, aislarse es un camino inevitable. A veces, no obstante, ese aislamiento, como ocurre con el ácido que se ha salido de la botella, va poco a poco, sin que uno se dé cuenta, corroyendo y disolviendo el espíritu. Es una afilada arma de doble filo: al tiempo que protege el espíritu, va también socavando, poco a poco y sin descanso, sus tabiques. Supongo que yo ya conocía, a mi manera (tal vez por experiencia), su peligrosidad. Y precisamente por ello he tenido que ir aliviando y relativizando ese aislamiento a fuerza de hacer trabajar a mi cuerpo de manera ininterrumpida y, en ocasiones, a fuerza de llevarlo hasta sus límites. De una forma más intuitiva que voluntaria.

Lo diré de un modo más concreto. Cuando recibo una crítica infundada (o que, al menos, a mí me parece infundada) de alguien, o cuando alguien de quien esperaba que aceptara una mía no lo hace, corro un poco más de distancia que de costumbre. De este modo, me agoto un poco más, proporcionalmente a ese poco más de distancia que corro. Entonces vuelvo a cobrar conciencia de que soy una persona débil y con limitaciones. Me doy cuenta de ello de un modo físico y desde lo más hondo de mi ser. Y, desde el punto de vista del resultado, ese poco de distancia que he corrido de más, lo gano también en fortaleza física, aunque la ganancia sea sólo meramente simbólica. Cuando me enfado, oriento el enfado hacia mí. Cuando siento rabia, redirijo hacia mí esa rabia para intentar mejorar. Hasta ahora he vivido pensando así. Me esfuerzo por tragar todo eso en silencio, sin más, hasta el límite, para después intentar liberarlo (variando su forma todo lo posible) en esos recipientes que son mis novelas, como una parte más de una historia.

No creo que mi carácter le guste a nadie. Quizás haya unos pocos (muy pocos) que me admiren. Pero es muy extraño que guste. ¿Quién podría sentir aprecio (o algo parecido) hacia una persona tan carente de espíritu de colaboración, hacia una persona que, en cuanto ocurre algo, pretende encerrarse en un armario? De todos modos, ésta es sólo mi opinión, pero, para empezar, cabría preguntarse si es teóricamente posible que un novelista sea objeto de aprecio por parte de alguien. No lo sé. Tal vez sea posible en algún lugar del mundo. Supongo que no se puede generalizar. Pero a mí al menos me resulta muy difícil admitir la posibilidad de que, durante todos estos años que llevo escribiendo novelas, me haya granjeado el aprecio de alguien en particular. Se me antoja más lógico pensar que no gustaba, que me odiaban, o que me despreciaban. No diré que eso me hubiera aliviado, pues tampoco disfruto con el hecho de que la gente me odie.

Pero eso es ya otra historia. Hablemos sobre el hecho de correr.

Sea como fuere, el caso es que he vuelto a la «vida de corredor». Empecé a correr «en serio» y, a estas alturas, ya corro «muy en serio». Todavía no tengo muy claro qué significa eso para mí, que ya he superado los cincuenta y cinco años. Probablemente signifique algo. Tal vez no sea nada relevante, pero algún significado ha de contener. De todas formas, ahora simplemente corro con todas mis fuerzas. Sobre lo que eso significa ya volveré a pensar más adelante (esto de «volver a pensar más adelante» es una de mis especialidades, cuya técnica voy puliendo a lo largo de los años). Me calzo las deportivas, me unto abundante crema solar en cara y cuello, ajusto el reloj y salgo a la calle. Y empiezo a correr. Los vientos alisios me azotan el rostro y veo en lo alto una garza blanca que cruza el cielo con sus dos patas debidamente alineadas, al tiempo que aguzo el oído para escuchar mi añorada música de los Lovin' Spoonful.

Mientras corro pienso, de improviso, que tampoco pasa nada si no consigo mejorar mis marcas. He envejecido y el tiempo se va cobrando sus cuotas. Nadie tiene la culpa. Son las reglas del juego. Es igual que los ríos que fluyen hacia el mar. Sólo puedes aceptar esa imagen tuya tal como es, como una parte más del paisaje natural. Quizá no resulte una tarea muy grata. Y quizá lo que descubras tampoco te guste particularmente. Pero pienso que nada puedo hacer. Hasta ahora, a mi manera –y aunque no quepa decir que haya sido suficiente–, he venido disfrutando más o menos de la vida.

No es que presuma de ello (¿quién podría presumir de algo así?), pero reconozco que no soy muy inteligente. Soy de los que no adquieren conciencia clara de las cosas si no las viven en carne propia, si no tocan la materia con las manos. Sea como sea, hasta que no transformo las cosas en algo visible no quedo satisfecho. Soy una persona con una estructura más física que inteligente. Por supuesto, también tengo algo de inteligencia. O eso creo. Porque si no tuviera ni una pizca de inteligencia no podría escribir novelas por mucho que me empeñara. Pero no soy de los que viven elaborando teorías y razonamientos puros. Y tampoco de los que avanzan utilizando el razonamiento especulativo como combustible. Más bien soy de los que, a base de someter el propio cuerpo a cargas reales y de hacer que los músculos se quejen (a veces con grandes alaridos), van consiguiendo que suba de veras la aguja del indicador de su grado de comprensión hasta que, por fin, quedan satisfechos. Ni que decir tiene que se tarda bastante tiempo en subir uno a uno todos esos peldaños hasta que por fin llegas a una conclusión. Y conlleva molestias. A veces, se tarda tanto tiempo que, para cuando quedas convencido, ya es demasiado tarde. Pero qué se le va a hacer. Así soy yo.

Mientras corro, tal vez piense en los ríos. Tal vez piense en las nubes. Pero, en sustancia, no pienso en nada. Simplemente sigo corriendo en medio de ese silencio que añoraba, en medio de ese coqueto y artesanal vacío. Es realmente estupendo. Digan lo que digan.

Dos
14 de agosto de 2005 – Isla de Kauai (Hawai)
¿Cómo se convierte alguien
en un novelista que corre?

Domingo, 14 de agosto. Por la mañana, corro una hora y cuarto mientras escucho en el *minidisc* música de Carla Thomas y Otis Redding. Por la tarde nado mil trescientos metros en la piscina del gimnasio y, al anochecer, me voy a bañar a la playa. Después, en el restaurante Dolphin, que está a la entrada de la ciudad de Hanalei, me tomo una cerveza y como pescado. Un pescado blanco que se llama *walu*. Me lo preparan a la brasa y le pongo salsa de soja. La guarnición es kebab vegetal. Me traen también una ensalada grande.

Desde comienzos de agosto hasta hoy, he corrido ciento cincuenta kilómetros justos.

Hace ya mucho tiempo que empecé a correr cada día. Para ser exactos, fue en otoño de 1982. Yo tenía entonces treinta y tres años.

Hasta un poco antes, regentaba algo parecido a un club de jazz cerca de la estación de Sendagaya, en Tokio. Nada más graduarme en la universidad (o, mejor dicho, cuando aún estaba en ella, porque entonces andaba muy liado con mis trabajillos temporales y todavía me faltaban algunos créditos para graduarme), abrí un local al lado de la puerta sur de la estación de Kokubunji y, tras llevarlo durante unos tres años, tuve que trasladarme al centro porque iban a reformar el edificio en el que se hallaba. No era en absoluto un local grande, pero tampoco era tan pequeño. Lo justo para que cupieran un piano de cola y un quinteto. Durante el día servíamos cafés y por las noches se transformaba en bar. También servíamos alguna cosilla de comer y, los fines de semana, programábamos alguna actuación en vivo. Como en aquella época este tipo de establecimientos todavía eran inusuales, acudían clientes y el negocio iba tirando.

Mucha gente de mi entorno, que consideraba imposible que un ignorante como yo tuviera talento para los negocios, pronosticaba que un negocio tipo hobby como ése nunca funcionaría, pero sus predicciones fallaron estrepitosamente. Para ser honestos, tampoco me considero especialmente dotado para los negocios. Fue sólo que, si fracasaba, ya no habría un después, de modo que tuve que dejarme la piel. Mis únicos puntos fuertes, antes como ahora, han sido siempre la diligencia, el aguante y la fuerza física. Si habláramos de caballos, estaría más cerca de un percherón que de uno de carreras. Soy hijo de oficinista, así que no sabía mucho de negocios, pero mi mujer sí que nació en una familia de comerciantes, y esa especie de intuición natural que ella tiene me ayudó bastante. Y es que, por muy buen percherón que sea, seguro que no habría podido hacerlo yo solo.

El trabajo en sí era bastante duro. Trabajaba hasta quedar reventado desde por la mañana hasta bien entrada la noche. Hubo ocasiones en que las pasé verdaderamente canutas, otras en las que tuve que devanarme los sesos en busca de soluciones y, también, muchas otras en las que salí muy decepcionado. Pero, volcado en cuerpo y alma en el trabajo, poco a poco fui contratando a gente y me fueron saliendo las cuentas. Y, a punto de cumplir los treinta años, por fin pude respirar aliviado. Como había pedido prestado todo el dinero posible y en todos los sitios posibles, cuando vi que las deudas ya no podían ahogarme sentí por fin que había culminado una etapa. Hasta entonces todo se resumía en intentar subsistir y sacar la cabeza a la superficie, sin poder pensar en prácticamente nada más. Al superar por fin una de esas escarpadas pendientes que hay en la vida y conseguir salir un poco a campo abierto, surgió cierta confianza en mí mismo que me decía que, si había logrado llegar hasta allí, aunque en adelante me topara con alguna que otra dificultad, sería capaz de capearla. Respiré profundamente, miré lentamente a mi alrededor, volví la vista hacia el camino que había recorrido y pensé en la siguiente etapa que debía acometer. La treintena estaba ya ante mis ojos. Me aproximaba a una edad en la que ya no se puede decir que uno sea joven. Fue entonces cuando decidí (y lo cierto es que no lo tenía previsto) escribir una novela.

Puedo especificar el día y la hora en que tomé esa decisión. Fue aproximadamente a la una y media de la tarde del 1 de abril de 1978. Ese día estaba solo en la grada exterior del estadio Jingu viendo un partido de béisbol mientras tomaba una cerveza. El estadio Jingu quedaba muy cerca del apartamento en que yo vivía, tanto que podía ir a pie, y en aquella época yo era un ferviente seguidor de los Yakult Swallows. Hacía un espléndido día de primavera al que no se le podía poner ni un pero. No había ni una nube y soplaba un viento cálido. En aquella época, en la grada exterior del estadio Jingu no había asientos, sólo la hierba que se extendía a lo largo de toda la pendiente. Miraba tranquilamente el partido tumbado en la hierba, dando sorbos a mi cerveza fría y alzando de vez en cuando la mirada para contemplar el cielo. Como de costumbre, no había demasiados espectadores. Era el partido de apertura de la temporada, y los Yakult recibían en su estadio a los Hiroshima Carp. Recuerdo que el pitcher de los Yakult era Yasuda, un lanzador regordete y de baja estatura que lanzaba con un efecto endiablado. Superó con facilidad la primera entrada dejando a cero el ataque del Hiroshima. En el turno de bateo de los Yakult, el primer bateador, Dave Hilton, un joven outfielder recién llegado de Estados Unidos, golpeó la bola hacia la línea exterior izquierda. El agudo sonido del bate impactando de lleno en aquella bola rápida resonó en todo el estadio. Hilton superó ágilmente la primera base y alcanzó con facilidad la segunda. En ese preciso instante me dije: «Ya está, voy a probar a escribir una novela». Todavía recuerdo con nitidez el cielo completamente despejado, el tacto de la hierba fresca que acababa de reverdecer y el agradable sonido del bate. En ese momento, algo cayó suave y silenciosamente desde el cielo y yo, sin duda, lo recibí.

No ambicionaba convertirme en novelista, ni nada parecido. Simplemente, quería escribir una novela, sin mayores pretensiones. No tenía ninguna idea concreta sobre qué podría escribir, pero sentí que, en ese momento, sería capaz de escribir algo con cierta enjundia. Al volver a casa, me senté frente a la mesa y me dispuse a intentar escribir algo, pero –hasta ese momento no había caído en la cuenta– resultó que no tenía ni una sola estilográfica decente. Así que fui a la librería Kinokuniya de Shinjuku y me compré un paquete de folios con cuadrícula y una pluma Sailor de unos mil yenes. Fue una inversión de capital muy modesta.

Eso fue en primavera, y para otoño ya había terminado de escribir una obra de unas doscientas páginas, de unos cuatrocientos caracteres por página. Cuando puse el punto final, me sentí muy bien. Como no sabía a ciencia cierta qué hacer con mi obra recién terminada, una especie de ímpetu me llevó a enviarla a un concurso para escritores noveles que convocaba una revista literaria. Ni siquiera me guardé una copia, por lo que deduzco que no me importaba mucho que, en caso de no pasar la selección, el original acabara perdido en alguna parte. Era la obra que actualmente está publicada con el título *Oíd cantar al viento*. Y es que a mí, más que si mi obra llegaba o no a ver la luz, lo que me interesaba era el hecho de concluirla.

Aquel otoño, los Yakult Swallows, que perdían año tras año, obtuvieron la victoria en la liga de la zona central, pasaron a las series nacionales y consiguieron el título absoluto tras derrotar a los Hankyu Braves. En varias ocasiones acudí lleno de ilusión al estadio Kōrakuen, donde se celebraban los partidos de las series nacionales (como ni la propia sociedad deportiva Yakult confiaba en su victoria, había cedido los derechos de uso de su estadio, el Jingu, a la liga universitaria). Por eso los recuerdos de ese otoño permanecen tan frescos en mi memoria. Fue un otoño particularmente hermoso y en el que hizo un tiempo espléndido. El cielo, de tan alto y tan claro, parecía que iba a salirse de la bóveda, y las hileras de ginkgos de la Pinacoteca de Meiji lanzaban destellos dorados más nítidos que nunca. Era mi último otoño antes de entrar en la treintena.

Cuando, a principios de la primavera del siguiente año, recibí una llamada telefónica de la redacción de la revista *Gunzo* en la que me informaban de que mi obra había resultado seleccionada para la fase final, me había olvidado por completo de que la había enviado a un concurso. Y es que mi vida cotidiana era demasiado ajetreada. Por eso, cuando recibí la sorpresiva noticia, al principio no entendía bien de qué me estaban hablando. La sensación fue algo así como un «¿Eeeh?». El caso es que esa obra acabó alzándose con el premio y, en verano, se publicó como volumen independiente. El libro no tuvo una mala acogida. De modo que yo, a mis treinta años, sin saber muy bien qué ocurría y sin haberlo buscado, había efectuado ya mi debut como escritor novel. Estaba sorprendido, pero supongo que la gente a mi alrededor lo estaba aún más.

Tras ello escribí, sin dejar de llevar el bar, mi segunda obra, *Pinball 1973*, una novela larga que no lo era tanto y, en las pausas, además, escribí varias novelas cortas, e incluso traduje algún relato de Scott Fitzgerald. *Oíd cantar al viento* y *Pinball 1973* fueron candidatas al Premio Akutagawa y de ambas se decía que eran serias aspirantes al triunfo, pero, al final, no lo lograron. Sin embargo a mí, para ser honesto, eso me daba igual. Y es que, si hubiera ganado el premio, seguramente se habrían sucedido las entrevistas y los encargos para que escribiera más cosas, lo que sin duda habría interferido en el negocio del bar, que era lo que me preocupaba.

Durante cerca de tres años, mi vida consistió en dirigir el negocio (llevar las cuentas, comprobar las existencias, ajustar los horarios de los empleados, etc.), pasar yo mismo a la barra a preparar cócteles y comidas, cerrar el establecimiento bien entrada la noche y, de regreso a casa, sentarme frente a la mesa y escribir hasta quedarme dormido. Tenía la impresión de estar viviendo el doble de vida que una persona normal. Por supuesto, era físicamente muy duro y, por el hecho de simultanear la escritura con un negocio abierto al público, tuve que hacer frente a muy diversas preocupaciones. En el negocio de la hostelería uno no puede elegir a su antojo a los clientes. Venga quien venga (a no ser que sea verdaderamente impresentable), hay que acogerlo con una sonrisa, una inclinación de cabeza y unas palabras de bienvenida. Por fortuna, tuve ocasión de conocer a mucha gente curiosa y viví experiencias inimaginables. En aquella época fui aprendiendo y absorbiendo, con humildad y con ganas, un montón de cosas. En líneas generales, creo que disfrutaba esa nueva vida y de los nuevos estímulos que me proporcionaba.

Pero el deseo de escribir una novela de mayor calado me perseguía. Escribí mis dos primeras novelas, *Oíd cantar al viento* y *Pinball 1973,* para disfrutar del hecho de escribir, pero había ciertos aspectos que no terminaban de convencerme. En cuanto encontraba un hueco en el trabajo, fuera una hora o treinta minutos, me enfrentaba al papel y, cansado como estaba, hacía correr por él la pluma como si compitiera contra el tiempo, así que me costaba mucho concentrarme. Trabajando de aquella forma tan desordenada, aunque consiguiera escribir algo en cierta medida interesante o novedoso, no era capaz de escribir una novela profunda, algo con auténtica enjundia. Pensaba: «Ya que se me ha dado la oportunidad de poder ser novelista (y no hace falta decir que no todo el mundo tiene esa suerte), me gustaría echar el resto y escribir una novela, aunque sólo fuera una, que me dejara de veras satisfecho». Era natural que surgiera en mí ese deseo. También pensaba que era capaz de escribir una obra de mayor calado. Así que, tras meditarlo bien, decidí cerrar temporalmente el negocio y dedicarme durante una temporada a escribir. En aquel entonces mis ingresos del bar eran mayores que los que obtenía como novelista, pero no me quedó más remedio que renunciar por completo a ellos.

Las personas de mi entorno se opusieron, en su mayoría, a mi decisión. O albergaban serias dudas acerca de ella. Me aconsejaban que, ahora que el negocio iba bien, cediera su administración a otro mientras yo me dedicaba a escribir, si eso era lo que me apetecía. Creo que, a los ojos de la sociedad, aquello hubiera sido lo correcto. Al parecer, no creían que lograra sobrevivir como novelista. Pero no pude seguir su consejo. Debido a mi carácter, cuando proyecto hacer algo, sea lo que sea, no me quedo satisfecho si no me involucro al cien por cien. Yo habría sido absolutamente incapaz de hacer una jugada tan buena como la de confiarle mi negocio al primero que pasara mientras yo me iba a escribir a otra parte. Si me ponía a ello con toda mi alma y, aun así, no funcionaba, acabaría por resignarme. Pero, si fracasaba por haberlo intentado sólo a medias, iba a lamentarlo el resto de mis días.

Así que hice caso omiso de las opiniones en contra, traspasé el negocio íntegramente y, aunque no sin ciertas dudas, decidí vivir colgándome el cartel de «novelista». Le dije a mi mujer: «Me gustaría que me dieras un par de años de libertad. Si sale mal, siempre podríamos abrir otro pequeño bar en alguna parte, ¿no? Total, aún somos jóvenes, así que podríamos empezar de nuevo...». «De acuerdo», dijo ella. En ese momento todavía teníamos bastantes deudas, pero bueno, ya nos las apañaríamos. Corría el año 1981. Y yo iba a intentar darlo todo.

Así, con tranquilidad, empecé a escribir una novela larga y, en otoño de aquel año, viajé por Hokkaido durante más o menos una semana para recopilar información. Para abril del año siguiente, había terminado *La caza del carnero salvaje*. Definitivamente, ya no había vuelta atrás, así que volqué en ella todas mis fuerzas. Tengo incluso la impresión de que movilicé hasta las que no tenía. Era una obra mucho más extensa, de un perfil más amplio y más contundente desde el punto de vista narrativo que *Oíd cantar al viento* o *Pinball 1973*.

Cuando la escribí, sentí que había encontrado mi propio estilo como novelista. Además, experimenté plenamente, con todo mi ser, lo maravilloso (y lo duro) que era poder sentarme ante la mesa todas las horas que quería, sin preocuparme del tiempo, y escribir cada día con concentración. Tuve la sensación de que en mi interior yacía algo parecido a un filón sin explotar y nació en mí la esperanza de que, de esa forma, podría seguir adelante como novelista. Con ello, lo de «abrir otro pequeño bar en alguna parte» fue una posibilidad que finalmente no llegó a realizarse. Aunque, a veces, también ahora, brote en mí el deseo de volver a abrir un pequeño y agradable bar en algún sitio.

Recuerdo que, en la redacción de la revista *Gunzo*, que entonces buscaba la denominada «literatura *mainstream*», *La caza del carnero salvaje* no gustó nada, por lo que lo acogieron con bastante frialdad. Parece ser que lo que yo entendía entonces (no sé ahora) por una novela, era algo bastante heterodoxo. Pero los lectores sí le dispensaron una acogida calurosa, y eso era lo que de veras me hacía feliz a mí. En mi opinión, esta obra supuso mi punto sustancial de partida como novelista. Creo que si hubiera seguido escribiendo obras de tipo más intuitivo, como *Oíd cantar al viento* o *Pinball 1973*, seguramente, antes o después, me habría atascado y no habría podido continuar.

El primer problema serio al que tuve que enfrentarme nada más convertirme en novelista fue el del mantenimiento de mi condición física. Soy de los que, en cuanto se dejan un poco, empiezan a engordar. Como hasta entonces había estado desempeñando a diario un trabajo físico bastante duro, había conseguido estabilizar mi peso y mantenerlo en valores bajos, pero, en cuanto cambié de hábitos y me pasaba el día sentado ante la mesa, empecé a perder la forma física y a ganar peso. Y, para concentrarme, sin querer acababa también fumando demasiado. En esa época me fumaba sesenta pitillos al día. Los dedos me amarilleaban y todo el cuerpo me apestaba a tabaco. Y eso, se mirara como se mirase, no podía ser bueno para la salud. Si en adelante quería llevar una larga vida como novelista, tenía que encontrar un medio adecuado de mantener mi peso y mi fuerza física.

Creo que fue poco después de terminar *La caza del carnero salvaje* cuando empecé a correr en serio todos los días. Puede que fuera más o menos la época en la que decidí seguir como escritor profesional.

Correr tenía algunas grandes ventajas. Para empezar, no hacen falta compañeros ni contrincantes. Tampoco se necesita equipamiento o enseres especiales. Ni hay que ir a ningún sitio especial. Con un calzado adecuado y un camino que cumpla unas mínimas condiciones, uno puede correr cuando y cuanto le apetezca. Eso con el tenis no es posible. Hay que desplazarse cada vez hasta una pista y se precisa un compañero. La natación se puede practicar solo, pero hay que encontrar una piscina adecuada. Tras cerrar el local me trasladé, en parte también porque pretendía cambiar de vida, a la localidad de Narashino, en la prefectura de Chiba. Por entonces aquello era el campo profundo y en mi vecindario no había nada parecido a unas instalaciones deportivas. Pero sí disponía de una carretera como Dios manda. Como había cerca una base de las Fuerzas de Autodefensa, la carretera estaba bien preparada para el tránsito de vehículos. Además, por fortuna, las pistas de la Universidad Nihon Daigaku también caían cerca de mi casa, así que, si era a primera hora de la mañana, podía usar libremente (o, mejor dicho, sin autorización) la pista de cuatrocientos metros. De ahí que yo eligiera como especialidad deportiva, sin apenas titubear –aunque tal vez debería decir «sin el menor titubeo»– el *footing*.

Al poco dejé el tabaco. Si te pones a correr a diario, dejar el tabaco es una consecuencia natural. Por supuesto, me costó mucho abandonar ese hábito, pero correr a diario y fumar eran incompatibles. Creo que el deseo, tan natural, de querer correr cada vez más me motivó a la hora de aguantar sin fumar y me fue de gran ayuda a la hora de superar el síndrome de abstinencia. Dejar de fumar fue una especie de símbolo de la ruptura con mi vida anterior.

A mí, en principio, lo de correr distancias largas no me disgustaba. De pequeño, no me gustaba la clase de gimnasia, y de las competiciones deportivas y demás quedé también bastante harto. Pero ello se debía a que ese tipo de ejercicio físico era del que te venía impuesto desde arriba con un «¡venga, hazlo!». Nunca he podido soportar que me obliguen a hacer lo que no quiero y cuando no quiero. En cambio, si me permiten hacer lo que quiero, cuando quiero y del modo que quiero, lo hago con un empeño superior a la media. Como ni mi motricidad ni mis reflejos son especialmente buenos, los deportes de desarrollo explosivo no se me daban bien, pero correr o nadar largas distancias sí casaban con mi naturaleza. Hasta cierto punto, yo también era consciente de ello. Y precisamente por eso creo que pude incorporar a mi vida, con relativa facilidad y sin demasiadas molestias, el hecho de correr.

No tiene que ver con correr, pero si se me permite que me desvíe un poco del tema, diré que, en mi caso, lo mismo podría decirse respecto al estudio. En general, desde primaria hasta la universidad y salvo muy contadas excepciones, nunca llegué a sentir interés por esos estudios que te obligaban a efectuar allí. Convenciéndome a mí mismo de que aquello eran cosas que había que hacer, fui tirando más o menos y conseguí llegar hasta la universidad, pero no hubo prácticamente ni una sola vez en que el estudio me resultara atractivo. Así pues, no sacaba unas notas tan nefastas que diera miedo verlas, pero tampoco recuerdo nada digno de loa, como haber quedado el primero en algo o que me elogiaran por mis buenas notas. Empecé a experimentar interés por el estudio cuando, tras superar como pude el sistema educativo establecido, me convertí en lo que llaman un «miembro hecho y derecho de la sociedad». Comprendí que, si investigaba en los ámbitos que me interesaban a mi ritmo y a mi gusto, asimilaba técnicas y conocimientos de un modo extremadamente eficaz. Es lo que me ocurrió, por ejemplo, con las técnicas de traducción, que fui aprendiendo una por una, a mi estilo y por mi cuenta y riesgo. Así, acumulando ensayos y errores, tardaba mucho tiempo hasta que tomaban forma, pero lo que aprendía lo hacía mío para siempre.

Lo que más feliz me hizo al convertirme en novelista fue poder levantarme y acostarme temprano. Cuando llevaba el negocio del bar, con frecuencia me iba a la cama poco antes del amanecer. Cerraba a las doce, lo recogía todo, sumaba las notas de los pedidos que habían hecho los clientes y, para aliviar la tensión, charlaba de cosas intrascendentes y bebía algo de alcohol. Haciendo este tipo de cosas, enseguida te dan las tres de la mañana. Y eso es como decir que ya no falta mucho para que se haga de día. Muchas veces, sentado yo solo frente a la mesa de la cocina mientras escribía, pude contemplar como el cielo clareaba poco a poco por levante. Y, naturalmente, cuando me despertaba, el sol estaba ya en lo alto.

Cuando dejé el negocio y comencé mi vida como novelista, lo primero que hicimos (me refiero a mi esposa y a mí) fue modificar nuestro modo de vida. Decidimos despertarnos con la salida del sol y acostarnos lo antes posible cuando oscureciera. Eso era lo que considerábamos una vida natural. Una vida de gente decente. Como ya habíamos dejado la hostelería, podíamos vernos sólo con las personas a las que quisiéramos ver y hacer todo lo posible por no vernos con las que no. Sentíamos que, al menos durante un tiempo, podíamos permitirnos ese pequeño lujo. Sonará repetitivo, pero a mí, por naturaleza, no se me dan bien las relaciones sociales. Tenía la necesidad de retornar a mi forma de ser originaria.

Dimos un fuerte golpe de timón para virar en redondo desde nuestros siete años de vida de «apertura» vida de «cierre». Creo que esa etapa de «aper... nstituyó una buena experiencia. Si lo pienso, ...ndo que aprendí muchas cosas importantes. Esa época fue para mí algo así como la educación general básica de la vida, mi verdadera escuela. Pero no podía continuar eternamente con ese tipo de vida. Y es que la escuela es un lugar en el que se entra, se aprende algo y se sale.

De este modo iniciamos una vida sencilla y regular en la que nos levantábamos antes de las cinco de la mañana y nos acostábamos antes de las diez de la noche. La franja horaria del día en la que uno rinde más depende, por supuesto, de cada persona, pero, en mi caso, es la de las primeras horas de la mañana. En ellas concentro mi energía y consigo terminar las tareas más importantes. En las demás horas hago deporte, despacho las tareas cotidianas y ventilo los asuntos que no precisan de demasiada concentración. Al ponerse el sol, ya no trabajo. Leo libros, escucho música, me relajo y me acuesto lo antes posible. Hasta hoy, mis días han seguido más o menos ese patrón. Y creo que, afortunadamente, en estos veinte años he desarrollado mi trabajo con bastante eficiencia. Ahora bien, si se lleva esta clase de vida, cosas como las salidas nocturnas desaparecen casi por completo y las relaciones sociales sin duda también se van resintiendo. Alguno incluso se ofende. Porque si te invitan a ir a algún sitio o te proponen hacer algo, entonces hay que declinar la invitación.

Es sólo mi opinión, pero, en la vida, a excepción de

esa época en la que se es realmente joven, deben establecerse prioridades. Hay que repartir ordenadamente el tiempo y las energías. Si, antes de llegar a cierta edad, no dejas bien instalado en tu interior un sistema como ése, la vida acaba volviéndose monótona y carente de eje. Yo quería dar prioridad al establecimiento de una vida tranquila, en la que pudiera dedicarme a escribir novelas, antes que a las relaciones sociales concretas con la gente de mi entorno. La relación más importante en mi vida debía entablarla, más que con alguien determinado, con una pluralidad indeterminada de lectores. Si estabilizaba mi vida, preparaba un entorno en el que pudiera concentrarme en la escritura e iba produciendo obras de cierta calidad, sin duda muchos lectores lo agradecerían. ¿Acaso no era ésa mi obligación como novelista y mi principal prioridad? Sigo pensando así hoy en día. Yo no veo directamente el rostro de los lectores, y entre ellos y yo se entabla, en cierto sentido, una relación humana conceptual. Pero yo siempre he considerado crucial establecer esa relación «ideal», conceptual, no perceptible a través de la vista.

No puedo poner buena cara a todo el mundo. Dicho lisa y llanamente, eso es lo que pasa.

Cuando llevaba mi negocio, seguía más o menos la misma política. A mi local acudían muchos clientes. Si conseguía que uno de cada diez pensara: «Este sitio está bastante bien, me ha gustado, volveré», ya me daba por satisfecho. Con que uno de cada diez quisiera volver, el negocio no peligraba. O, dicho a la inversa, no me importaba especialmente que a nueve de cada diez personas no les gustara el bar. Si lo consideraba así, me tranquilizaba. Ahora bien, era imprescindible que a ese «uno de cada diez» le encantara el local. Y, para eso, el dueño tenía que enarbolar como estandartes una postura clara y una filosofía, perseverar en ellas y mantenerlas contra viento y marea. Eso aprendí llevando aquel local.

Tras *La caza del carnero salvaje*, seguí escribiendo novelas. Con cada obra aumentaba el número de lectores. Lo que más feliz me hacía era saber que había muchos entusiastas de mis obras. Es decir, que esos «uno de cada diez» que habían repetido, se habían convertido en lectores fieles. Unos lectores (en su mayoría jóvenes) que esperaban pacientemente mi siguiente obra y, cuando por fin aparecía, la compraban y la leían. Eso se fue consolidando poco a poco. Para mí era una situación ideal, o al menos muy confortable. No hacía falta ser un corredor de elite. Si, escribiendo lo que yo quería y como yo quería, podía llevar una vida normal, no necesitaba nada más. Sin embargo, *Tokio blues. Norwegian Wood* se vendió más de lo previsto, y esa situación «confortable» se vio alterada por algunos cambios, pero de ello hablaré más adelante.

Al poco de empezar a correr, no podía enfrentarme a distancias muy largas. Aguantaba unos veinte o, a lo sumo, treinta minutos. Sólo con eso ya acababa jadeando. El corazón me palpitaba y me temblaban las piernas. Era normal, llevaba mucho tiempo sin hacer nada que pudiera llamarse ejercicio. Y también me daba algo de vergüenza que la gente del vecindario me viera correr. La misma vergüenza que sentía cuando, a continuación de mi nombre, me ponían entre paréntesis la ocupación: «novelista». Sin embargo, seguí corriendo de manera continuada y sentí que mi cuerpo se iba adaptando y, poco a poco, empecé a recorrer distancias cada vez más largas. Adquirí lo que puede calificarse ya como de «forma física», estabilicé mi ritmo de respiración y mis pulsaciones fueron bajando. Eso sí, procuraba correr todos los días, saltándome los menos posibles, sin importarme las distancias ni las velocidades.

De este modo, el acto de correr fue integrándose en mi ciclo vital hasta formar parte de él, igual que las tres comidas diarias, el sueño, las tareas domésticas o el trabajo. Correr pasó a ser un hábito y las vergüenzas de las que hablaba también se fueron desvaneciendo. Fui a una tienda de deportes especializada y me compré unas buenas deportivas y ropa cómoda adecuadas para correr. Me hice con un cronómetro y leí un libro para corredores principiantes. Así se va uno convirtiendo en corredor.

Si lo miro desde la distancia, creo que mi mayor fortuna fue haber nacido con una constitución fuerte. He corrido cada día a lo largo de casi un cuarto de siglo y he participado en numerosas carreras, pero nunca he pasado una temporada sin poder correr por que me dolieran las piernas. Aunque apenas hago estiramientos, nunca me he lesionado ni he enfermado. No soy un corredor de los buenos, pero al menos tengo una gran capacidad de resistencia. Es uno de los pocos dones de los que puedo presumir.

Al comenzar el año 1983 participé por primera vez en mi vida en una carrera de fondo en carretera. Eran sólo cinco kilómetros, pero cuando, con mi dorsal puesto y mezclado entre todos aquellos corredores, escuché el «¿Listos? ¡Ya!» y arranqué a correr, me dije: «Vaya, pero si puedo correr bastante bien, ¿no?». En mayo participé en una carrera de quince kilómetros en el lago Yamanaka y, en junio, para comprobar hasta dónde era capaz de llegar, me lancé a correr solo alrededor del Palacio Imperial de Tokio. Di siete vueltas, o sea, treinta y cinco kilómetros, a un ritmo pasable, y no me resultó tan duro. Las piernas tampoco me dolían. Entonces pensé que tal vez podía correr un maratón. Más tarde tuve la oportunidad de descubrir que la parte más dura del maratón llega una vez superados los treinta y cinco kilómetros.

Cuando miro mis fotos de aquella época, me doy cuenta de que mi complexión de entonces todavía no era la de un corredor. Me faltaba entrenamiento y más musculatura, así que tenía los brazos y las piernas ostensiblemente flacos, y mis muslos también eran delgados. Me asombra que fuera capaz de correr un maratón entero. Si se comparara mi constitución de entonces con la actual, cualquiera diría que soy otra persona (si uno se dedica a correr durante un tiempo prolongado, la distribución de su musculatura acaba cambiando por completo). Pero ya por entonces notaba que mi constitución iba cambiando, y eso me animaba. Descubrí que, a pesar de haber superado ya los treinta, había un gran potencial en mi interior. Y esos aspectos desconocidos se estaban revelando poco a poco gracias al hecho de correr.

Entretanto, mi tendencia a ganar kilos se había ido frenando progresivamente hasta detenerse en el límite adecuado. Si haces ejercicio todos los días, tu peso ideal se acaba estableciendo de forma natural. Poco a poco se va vislumbrando el punto en el que el cuerpo se mueve con agilidad. A la par, modifiqué de manera paulatina mi alimentación. Hice de los vegetales la base de mi dieta y obtenía las proteínas principalmente del pescado. Nunca me había hecho mucha gracia la carne, pero esta tendencia se reafirmó. Reduje el consumo de arroz y de alcohol, y empecé a emplear condimentos naturales. Los dulces nunca me gustaron.

Ya he dicho que tiendo a engordar poco a poco en cuanto me abandono. En contraste, mi mujer, coma lo que coma (tampoco es que coma mucho, pero le pirran los dulces), aunque no haga deporte, no engorda ni un solo gramo. Tampoco tiene grasa. Yo, al ver esto, solía pensar lo injusta que era la vida. Lo que algunos sólo consiguen esforzándose, otros lo logran sin el menor esfuerzo.

Bien pensado, quizás esa tendencia a engordar con facilidad sea, por el contrario, beneficiosa. Me refiero a que, en mi caso, para no aumentar de peso he tenido que hacer intenso ejercicio a diario, cuidar mi alimentación y moderarme. Es una vida dura. Pero, si realizas ese esfuerzo de manera continuada, entonces consigues mantener tu metabolismo en niveles altos y, como resultado, tu cuerpo gana en salud y resistencia. Y supongo que el envejecimiento también se ralentiza un poco. Sin embargo, los que, hagan lo que hagan, no engordan, no necesitan prestar especial atención ni al ejercicio ni a las comidas. Por lo demás, tampoco creo que haya muchas personas que, salvo en caso de necesidad, se animen a preocuparse por estas cosas, que, la verdad, dan bastante pereza. Por eso, con frecuencia, a medida que envejecen, su fuerza física va disminuyendo. Si uno no presta atención, va perdiendo músculo de modo natural y sus huesos también se van debilitando. Así pues, sólo a largo plazo se puede saber si tal o cual tendencia es justa o injusta. Tal vez, entre quienes estén leyendo esto, haya también personas que sufren porque, en cuanto se descuidan, aumentan de peso. No obstante, por las razones que ya he expuesto, quizá deberían mirar el aspecto positivo y entender que eso podría ser más bien un regalo del cielo: cuanto más fácil le resulte a uno ver su piloto rojo encendido avisando de avería, mejor. Aunque, seguramente, esos lectores no se lo tomarán así.

Si uno lo piensa, quizás este punto de vista también sea aplicable al trabajo del novelista. Los novelistas dotados de talento natural son capaces, sin hacer nada especial (o haciendo cualquier cosa), de escribir novelas con suma facilidad. Las frases les brotan como el agua mana a borbotones de un manantial, y así va surgiendo su obra. No necesitan esforzarse. Hay personas así. Pero, por desgracia, yo no soy como ellas. No es para sentirse orgulloso de ello, pero, por más que miro a mi alrededor, no encuentro el manantial por ninguna parte. Tengo que tomar el cincel y el martillo e ir picando poco a poco el suelo rocoso hasta abrir un profundo boquete; si no, no consigo llegar al manantial de la creatividad. Escribir una novela me exige malgastar mucha fuerza física. Me cuesta tiempo y esfuerzo. Cada vez que me propongo escribir una novela, tengo que empezar a cavar un nuevo agujero desde el principio. Con los años, no obstante, uno va fortaleciéndose y dominando las técnicas para poder cavar agujeros en ese duro suelo rocoso y descubrir nuevas vetas de agua de forma bastante eficaz. Y cuando noto que un manantial está a punto de agotarse, puedo pasar a abrir el siguiente con celeridad y determinación. Sin embargo, los que dependen únicamente de los manantiales naturales, aunque de repente se propusieran hacer lo mismo, seguramente no lo conseguirían con tanta facilidad.

La vida es esencialmente injusta. De eso no cabe la menor duda. Pero creo que incluso de las situaciones injustas es posible extraer lo que de «justicia» haya en ellas. Puede que ello cueste tiempo y esfuerzo. Y puede que ese tiempo y ese esfuerzo sean en vano. Decidir si merece o no la pena intentar extraer esa «justicia» es algo que, por supuesto, queda al criterio de cada uno.

Cuando digo que corro todos los días, hay gente que se admira de ello. A veces me dicen: «Menuda fuerza de voluntad tienes, ¿eh?». Por supuesto me alegra que me elogien. Es mucho mejor a que te denuesten. Pero, a mi parecer, tener fuerza de voluntad no significa que uno consiga todo lo que quiere. El mundo no es tan sencillo. O, para ser franco, tengo incluso la impresión de que entre el hecho de correr a diario y tener mucha fuerza de voluntad no existe tanta correlación. Que yo lleve corriendo de este modo más de veinte años supongo que se debe, en definitiva, a que esa actividad va con mi carácter. O, al menos, a que no me causa tanto sufrimiento. Al ser humano no le cuesta proseguir con algo que le gusta, pero sí con algo que no le gusta. Supongo que la voluntad, o algo parecido a la voluntad, tiene que ver un poco con ello. Aun así, por mucha fuerza de voluntad que uno posea, por mucho que sea de los que no se dan por vencidos, si algo no le va, no podrá hacerlo durante largo tiempo. Y, aunque pudiera, seguro que su salud se resentiría.

Por eso nunca he recomendado a nadie de mi entorno que corra. En mi opinión, hay que evitar en la medida de lo posible decir cosas como: «Correr es algo estupendo. ¡Corramos juntos!». Si una persona tiene interés en correr largas distancias, en algún momento se pondrá a correr por su propia cuenta aunque no se le diga nada; y, si no tiene interés, de nada servirá que se lo recomendemos fervientemente. El maratón no es un deporte para todo el mundo. Ocurre lo mismo con el oficio de escritor, que tampoco es para todo el mundo. Yo no me hice novelista porque alguien me lo pidiera o me lo recomendara (en todo caso, intentaron disuadirme). Me hice novelista por iniciativa propia. Del mismo modo, uno no se hace corredor porque alguien se lo recomiende. En esencia, uno se hace corredor sin más.

Pese a todo, es posible que, al leer este texto, alguien sienta interés por correr y se diga: «Venga, yo también voy a intentar correr un poco». Y tal vez, tras probarlo, piense: «Ah, pues es bastante divertido». Sin duda sería un hermoso descubrimiento. Y, si ocurriera eso, como autor de este libro me sentiría muy feliz. Pero unas personas valen para unas cosas y otras para otras. Hay quien vale para el maratón, quien vale para el golf y quien vale para las apuestas. Cada vez que veo en una escuela esa escena en la que todos los chicos son obligados a correr en la hora de gimnasia, no puedo evitar compadecerlos. Obligar a correr largas distancias a personas que no desean correr, o que, por su constitución, no están hechas para ello, sin ni siquiera darles opción, es una tortura sin sentido. Me gustaría advertir a los institutos de secundaria y bachillerato, antes de que se produzcan víctimas innecesarias, de que es mejor que dejen de obligar a correr largas distancias de manera tan estricta a todos sus estudiantes, pero, aunque lo hiciera, estoy seguro de que no me harían caso. Así es la escuela. Lo más importante que aprendemos en ella es que las cosas más importantes no se pueden aprender allí.

De todos modos, por muy adecuado a la naturaleza de uno que resulte lo de correr largas distancias, siempre hay algún día en que te dices: «Qué pesado me siento hoy. No me apetece correr». De hecho, me ocurre con frecuencia. Entonces justifico con convincentes argumentos de todo tipo mis ganas de saltarme el entrenamiento. Una vez le hice una entrevista al corredor olímpico Toshihiko Seko. Fue poco después de que se retirara de la competición y lo nombraran director del equipo S&B. En aquella ocasión le pregunté: «¿También los corredores de alto nivel como usted tienen días de esos en que a uno no le apetece correr, en que preferiría seguir tumbado en la cama, o hacer cualquier otra cosa?». A Seko se le salieron, literalmente, los ojos de las órbitas. «¡Pues claro que sí, constantemente!», me respondió con un tono que parecía decir: «¿Pero qué estupidez de pregunta es ésta?».

Ahora, también yo creo que, ciertamente, fue una pregunta estúpida. Es más, en el instante en que la formulé sabía que lo era. Pese a todo, quería oír la respuesta de labios de Seko. Aunque entre ambos mediara una diferencia abismal en lo que respecta a fuerza muscular, nivel de entrenamiento y motivación, yo quería saber si, al levantarse por la mañana temprano y atarse los cordones de sus deportivas, había sentido alguna vez lo mismo que yo. Su respuesta me alivió profundamente. «Lo sabía. A todos nos pasa lo mismo», pensé.

Si me permiten que les cuente algo personal, les diré que, cuando pienso: «Uf, hoy no me apetece nada correr», me digo a mí mismo: «Llevas una vida de novelista, así que puedes trabajar en tu casa y cuando te apetece, y, día tras día, no tienes que ir al trabajo zarandeado en medio de un tren abarrotado de gente, y tampoco has de asistir a aburridas reuniones. ¿No te parece que tienes mucha suerte? ¿No crees que, comparado con eso, correr una horita por el vecindario no es nada?». Cuando acuden a mi mente las imágenes de los trenes abarrotados y las reuniones de empresa, se aviva de nuevo la llama de mi entusiasmo, me ato otra vez los cordones de las deportivas y puedo volver a correr con relativa facilidad. Pienso: «Es verdad. Si ni siquiera hago esto, me caerá un castigo del cielo». Por supuesto, les cuento esto aunque soy plenamente consciente de que muchas personas preferirán subir a un tren abarrotado de gente y asistir a una reunión de empresa, antes que correr una hora de media al día.

En cualquier caso, fue así como comencé a correr. Treinta y tres años. Esa edad tenía entonces. Todavía era bastante joven, pero ya no podía decirse que fuera «un joven». Es la edad a la que murió Jesucristo. Más o menos a esa edad había comenzado el declive de Scott Fitzgerald. Tal vez sea una de las encrucijadas de la vida. A esa edad comencé mi vida como corredor y, poco después, me situé en el verdadero punto de partida como novelista.

Tres
1 de septiembre de 2005 – Isla de Kauai (Hawai)
Corro mis primeros cuarenta y dos kilómetros
en pleno verano ateniense

Ayer terminó agosto. Si calculo la distancia que he corrido este mes (treinta y un días), me salen, en total, trescientos cincuenta kilómetros:

Junio   260 kilómetros (60 kilómetros por semana)
Julio   310 kilómetros (70 kilómetros por semana)
Agosto 350 kilómetros (80 kilómetros por semana)

Mi objetivo es el Maratón de Nueva York, que tendrá lugar el 6 de noviembre. En lo que respecta a mi preparación y mi puesta en forma para esta carrera, todo va bien. Porque empecé a correr de modo planificado cinco meses antes del maratón y, etapa a etapa, he ido aumentando la distancia.

Agosto resultó agraciado con buen tiempo en la isla de Kauai y no hubo ni un solo día en que la lluvia me impidiera correr. Llovió alguna vez, pero fue una lluvia moderada y agradable que refrescó mi ardiente cuerpo. Aunque el tiempo en la costa norte de Kauai siempre es relativamente bueno, no suele prolongarse tantos días seguidos. Por fortuna, he podido correr todo lo que he querido. Ningún problema con mi condición física. Aunque he ido aumentando día a día la distancia, mi cuerpo no se ha quejado demasiado. He terminado mi preparación de estos tres meses sin lesiones, sin dolor y sin apenas sensación de fatiga.

Tampoco me ha sobrevenido el típico abatimiento veraniego. No tomo medidas especiales para combatirlo. Por decir algo, simplemente procuro no llevarme demasiadas cosas frías a la boca. Eso, e intentar comer mucha fruta y verdura. Hawai, donde se consiguen a muy bajo precio frutas frescas como el mango, la papaya o el aguacate (los tienes literalmente a la puerta de tu casa), es el lugar ideal para mi dieta veraniega. Pero todo esto, más que medidas contra el abatimiento veraniego, son sólo cosas que mi cuerpo me pide de manera natural. Cuando lo obligo a trabajar a diario, entonces su voz se va haciendo poco a poco más audible.

Otra buena costumbre para conservar la salud es dormir un poco después de comer. Yo lo hago a menudo. Por lo general, después de la comida me entra sueño, así que me tumbo en el sofá y echo una cabezadita. Más o menos a la media hora, me despierto. Me noto más descansado y con la mente despejada. Es lo que en el sur de Europa llaman *siesta*.* Creo recordar que adquirí esa costumbre en la época en que vivía en Italia, pero quizá me equivoque. Tal vez mi gusto por ella viniera ya de antes. En cualquier caso, si me entra sueño, soy de los que se quedan profundamen-

---

* El autor usa aquí la palabra de origen español *shiesuta*. *(N. del T.)*

te dormidos al instante y en cualquier parte, lo cual, desde el punto de vista de la salud, es una habilidad especial de la que hay que felicitarse. Eso sí, también genera problemas cuando, sin querer, uno se queda dormido en una situación en la que no procede.

Bajé de peso sin problemas y mi cara también rejuveneció un poco. Es bueno sentir que tu cuerpo va cambiando de este modo. Sin embargo, con la edad, los cambios son más lentos que cuando eres joven. Lo que antes me costaba mes y medio, ahora me cuesta tres meses. La relación de eficacia entre la cantidad de ejercicio y los logros obtenidos empeora a ojos vistas. Pero qué le vamos a hacer, habrá que resignarse y tirar adelante con lo que tenemos. Es ley de vida. Además, lo de la alta o baja eficacia no es un parámetro que determine el valor de nuestra forma de vida. Por cierto, en el gimnasio de Tokio al que voy, hay un cartel que reza: «EL MÚSCULO SE ADQUIERE CON DIFICULTAD Y SE PIERDE CON FACILIDAD. LA GRASA SE ADQUIERE CON FACILIDAD Y SE PIERDE CON DIFICULTAD». Es una verdad desagradable, pero es la verdad.

Agosto se despidió diciendo adiós con la mano (esa impresión daba) y, al empezar septiembre, mi estilo de entrenamiento dio un giro. En los tres meses anteriores, la idea era «de momento, correr más kilómetros», así que corría cada día todo lo posible y aumentaba el ritmo poco a poco, sin complicarme la vida. Tenía que sentar las bases para prepararme físicamente y cobrar cada vez más fuerza. Gané resistencia, mejoré muscularmente cada zona anatómica, mejoré mi forma, tanto física como psíquica, y fui mentalizándome y cogiendo moral. La tarea más importante fue comunicarle a mi cuerpo que correr de ese modo era lo normal. Lo de «comunicar» lo digo, por supuesto, en sentido figurado, porque el cuerpo, por más que se lo expliques con palabras, no suele hacerte caso con facilidad. Y es que el del cuerpo es un sistema que aprende y funciona a base de práctica: sólo reconoce un mensaje, y lo comprende, tras haberle hecho sufrir de modo específico e intermitente. Con ello, llega a aceptar de buen grado (o quizá no tanto) el ejercicio que se le haya encomendado. Después tendremos que ir aumentando lentamente el límite de esa cantidad de ejercicio. Poco a poco, poco a poco. Que no sufra un pinchazo.

Pero, llegado septiembre, con la carrera a dos meses vista, el entrenamiento tiene que entrar en la fase de ajustes. Tengo que pasar del «entrenamiento de cantidad» al «entrenamiento de calidad» introduciendo variaciones largo-corto y suave-duro. Y he de programarlo de modo que el cansancio supere su punto máximo más o menos un mes antes de la carrera. Es un periodo muy importante. Hay que conseguir que las cosas avancen mientras se conversa cuidadosamente con el cuerpo.

A diferencia del mes de agosto, en el que me dediqué a entrenar sin moverme de Kauai, en septiembre tuve que viajar de Hawai a Japón y de Japón a Boston, y durante la estancia en Japón estuve bastante ocupado. Por eso no pude correr tantos kilómetros como venía haciendo hasta ese momento y, mediante otros entrenamientos, tuve que ir supliendo eficazmente la distancia que dejaba de correr.

No me apetece nada contar esto (de ser posible, me gustaría dejarlo oculto en el fondo del armario), pero el resultado del último maratón que corrí fue lamentable. He corrido muchas carreras, pero ninguna tan deplorable como ésa. Tuvo lugar en una localidad de la prefectura de Chiba.

Hasta el kilómetro treinta iba a un ritmo aceptable. Incluso pensaba que, si seguía así, llegaría a meta con un tiempo aceptable. Iba bien de resistencia. No parecía que fuera a tener problemas para recorrer la distancia que quedaba. Pero entonces, justo después del kilómetro treinta, de repente las piernas empezaron a no responderme. Me entraron calambres, que se fueron haciendo progresivamente más intensos, y, finalmente, ya no pude correr nada. Por más estiramientos que hacía, la parte trasera de mis muslos me temblaba, completamente agarrotada; los tenía extrañamente deformados y no me respondían. No podía ni siquiera permanecer de pie. Sin querer, acabé en cuclillas en mitad de la carretera. No era la primera vez que me ocurría. Pero, con unos estiramientos hechos a conciencia, en cinco minutos mis músculos se recuperaban y yo reanudaba la marcha. Sin embargo, esta vez no fue así de fácil. Por más tiempo que transcurría, los calambres no remitían. En cuanto creía que el dolor se había hecho tolerable, intentaba correr de nuevo, pero volvía a recaer. Por eso, durante los últimos cinco kilómetros no me quedó más remedio que caminar, y a duras penas. Fue la primera vez en mi vida que tuve que caminar durante un maratón. Hasta entonces, por muy mal que lo hubiera pasado, me había enorgullecido de no haber tenido que caminar. El maratón es un deporte que consiste en correr, no en caminar. Así, básicamente, lo veo yo. Pero, en aquella ocasión, apenas podía caminar siquiera. La idea de abandonar y dejar que me recogiera el bus-escoba rondó muchas veces mi cabeza. Al fin y al cabo, el tiempo que haría iba a ser horrible, así que, ¿qué más daba si lo dejaba ahí mismo? Pero, claro, lo que no quería era precisamente abandonar. Quería llegar a la meta aunque fuera a gatas.

Apreté los dientes y me arrastré hacia la meta mientras los demás corredores me adelantaban uno tras otro. Implacables, los números del cronómetro digital seguían señalando el tiempo. El viento del mar me helaba el sudor de la camiseta y sentía un frío horrible. A fin de cuentas, estábamos en invierno. Caminando con una camiseta sin mangas y en pantalón corto por una carretera azotada por el viento era imposible no tener frío. Pero nunca había imaginado que al dejar de correr se sentiría tantísimo frío. Si sigues corriendo, el cuerpo entra en calor. Sin embargo, lo que de veras me dolía, mucho más que el frío, eran mi orgullo herido y mi lamentable imagen caminando penosamente por el trazado del maratón. A falta de unos dos kilómetros para la meta, por fin desaparecieron los calambres y pude volver a correr. Troté hasta recuperar el ritmo, e incluso conseguí esprintar al final. Pero hice un tiempo lamentable.

Las causas de aquel fallo estaban claras: falta de entrenamiento, falta de entrenamiento, falta de entrenamiento. Eso era todo. La cantidad global de ejercicio para la preparación no había sido suficiente y tampoco había bajado de peso todo lo necesario. Tal vez había germinado en mí, sin darme yo cuenta, la pretenciosa idea de que, tratándose de cuarenta y dos kilometrillos, podría correrlos de cualquier manera, sin necesidad de prepararme a conciencia. Y es que el tabique que separa la sana autoconfianza de la insana arrogancia es realmente muy fino. Ciertamente, de haber sido joven, tal vez hubiera acabado un maratón completo aunque no me hubiera preparado a fondo. Aun sin haberme entrenado a tope, sólo con las fuerzas ahorradas hasta el momento, probablemente habría podido acabar en un tiempo razonable. Pero, por desgracia, ya no soy joven. He llegado ya a una edad en la que uno sólo puede obtener la exacta contraprestación que corresponde al precio que ha pagado, nada más.

En aquel momento fui profundamente consciente de que no quería volver a verme jamás en una situación parecida. Me bastaba con la sensación de frío y de patetismo que había sentido aquella vez. Por lo pronto, la siguiente vez que corriera un maratón comenzaría desde el principio, lo reharía todo desde cero. Me entrenaría de manera exhaustiva y trataría de dar de mí todo lo que pudiera. Volvería a apretar firmemente, uno por uno, todos los tornillos. Ya veríamos qué ocurría. Eso pensaba entonces, mientras caminaba arrastrando mis piernas acalambradas a través del frío viento y me adelantaba la mayoría de los corredores.

Ya he explicado con anterioridad que no tengo mal perder. Creo que perder es, en cierta medida, algo difícil de evitar. Una persona, sea quien sea, no puede ganar siempre. En la autopista de la vida no es posible circular siempre por el carril de adelantamiento. A pesar de todo, no quiero caer varias veces en el mismo error. Quiero aprender algo de ese error y aprovechar la lección aprendida para la siguiente ocasión. Al menos mientras pueda seguir llevando esta vida.

Por eso, mientras escribo este texto sentado frente a mi mesa, también me estoy preparando para el «próximo maratón», que será el de Nueva York. Estoy recordando una por una las cosas de cuando, hace veintitantos años, yo era corredor principiante, reconstruyendo aquellos recuerdos, releyendo el sencillo cuaderno de notas que yo escribía entonces (soy incapaz de escribir un diario, pero sí tomo mis notas de corredor con relativo esmero) y dándoles forma de texto. Lo hago tanto para comprobar los pasos que he seguido hasta hoy, como para desenterrar los sentimientos que tenía entonces. Lo hago tanto para reprenderme como para estimularme. Y también para zarandear esa suerte de motivación que, en algún momento, se me había quedado irremisiblemente dormida. Escribo esto para, por así decirlo, marcar la ruta de mis pensamientos. Pero, desde el punto de vista del resultado –insisto, sólo del resultado–, puede que esto se esté convirtiendo en algo más parecido a unas «memorias» que giran en torno al hecho de correr.

De todos modos, lo que en estos momentos ocupa principalmente mi cabeza no son mis «memorias» ni nada parecido, sino la cuestión práctica de cómo correr en un tiempo más o menos decente (es decir, digno) el Maratón de Nueva York, que tendrá lugar dentro de dos meses. Cómo ir preparando mi cuerpo para ello. Ésa es la tarea más importante a la que me enfrento.

El 25 de agosto tuve una sesión fotográfica para *Runner's World*, la revista norteamericana especializada en corredores. Vino un fotógrafo de California y me estuvo haciendo fotos todo el día. Era un joven fotógrafo muy diligente que se llamaba Greg. Se trajo en avión hasta Hawai equipo y material como para llenar una furgoneta. Habíamos dejado terminada la entrevista un poco antes y ahora íbamos a sacar las fotos que acompañarían al texto. Fotos tipo retrato, y también corriendo. Al parecer no abundan los novelistas que corran maratones con cierta constancia (hay algunos, pero su número es bastante escaso), así que debió de interesarles mi vida (o mi forma de ser) como «corredor-novelista». Numerosos corredores norteamericanos leen *Runner's World*, así que quizás en Nueva

York muchos de ellos se acerquen a hablar conmigo tras ver el artículo. Al pensar en ello, me pongo aún más nervioso, pues siento que esta vez debo esmerarme.

Volvamos al año 1983. Era la época en que Duran Duran y Hall & Oates estaban en pleno auge, una época que ahora ya nos inspira nostalgia. En julio de ese año tuve que ir a Grecia y correr yo solo desde Atenas hasta Maratón. Es como correr la ruta del maratón original, que fue de Maratón a Atenas, pero en sentido inverso. ¿Y por qué en sentido inverso? Pues porque si salía aún de madrugada del centro de Atenas, dejaba atrás el área metropolitana de la capital antes de las aglomeraciones de la hora punta (y antes de que el aire se contaminara), y me dirigía directamente hacia Maratón, el tráfico sería infinitamente menor y correría con mucha mayor comodidad. No era una carrera oficial, sino que iba a correr yo solo, así que no se iban a llevar a cabo restricciones del tráfico ni nada parecido.

¿Y por qué tuve que ir hasta Grecia y correr a solas esos cuarenta y dos kilómetros? Pues porque, casualmente, recibí una propuesta de una revista para hombres que consistía precisamente en viajar a Grecia y escribir una crónica de ese viaje. Era un viaje planeado como gira promocional, patrocinada por la Agencia Nacional de Turismo del gobierno griego. El viaje, en el que participaban varias revistas, incluía en su itinerario las típicas visitas a las ruinas de la antigua Grecia y un crucero por el mar Egeo, pero, una vez terminado todo eso, nos habían dejado abierto el billete de regreso en avión, así que podíamos quedarnos todo cuanto deseáramos y hacer lo que quisiéramos. A mí no me interesaba el paquete turístico, pero me atraía hacer después algo a mi aire, libremente. Además, en Grecia está nada menos que el recorrido originario del maratón. Quería verlo con mis propios ojos. Y, seguramente, hasta podría recorrer una parte de él con mis propias piernas. Aquello prometía ser una experiencia muy emocionante para mí, que acababa de convertirme en corredor.

Entonces me dije: «Espera un momento. ¿Por qué tiene que ser solamente "una parte" del recorrido? ¿Qué pasaría si lo hiciera entero?».

Cuando transmití mi propuesta a los redactores de la revista, también les pareció muy interesante. Y de este modo corrí, yo solo y en silencio, el primer maratón completo (o algo parecido) de mi vida. Sin público, sin cinta de llegada a la meta, sin entusiastas gritos de ánimo, sin nada. Lo importante es que se trataba del auténtico recorrido originario del maratón. ¿Qué más podía pedir?

De todos modos, la carretera que lleva de Atenas a Maratón no alcanza en realidad los cuarenta y dos kilómetros con ciento noventa y cinco metros de distancia de un maratón oficial. Le faltan cerca de dos kilómetros para ello. Me enteré unos años después, cuando participé en el maratón oficial de Atenas (que sí se corre como el original, de Maratón a Atenas). Los que vieron el maratón de las Olimpiadas de Atenas, en 2004, tal vez lo recuerden: los corredores salen de Maratón y, en cierto momento del recorrido, toman un desvío hacia la izquierda por el que, tras rodear unas sobrias ruinas, retornan a la ruta principal. De este modo completan la distancia que falta. Pero yo entonces no lo sabía, así que corrí raudo y directo de Atenas a Maratón, convencido de que había recorrido cuarenta y dos kilómetros. En realidad, eran unos cuarenta. De todos modos, por la ciudad tuve que dar varios rodeos y el cuentakilómetros del coche que me acompañaba marcaba aproximadamente cuarenta y dos kilómetros, así que, en definitiva, es posible que sí recorriera una distancia muy próxima a la de un maratón completo. A estas alturas, eso carece ya de importancia, y sin embargo, en aquel momento...

Corrí en pleno verano ateniense. Los que hayan estado en Atenas supongo que ya lo sabrán, pero, en pleno verano, hace allí un calor inimaginable. Los atenienses no salen al exterior por la tarde salvo que sea necesario. Se echan la siesta a la sombra y ahorran energías sin hacer nada. Al caer el sol, salen por fin a la calle y comienzan su actividad. Puede decirse que, en Grecia, en verano, si se ve a alguien caminando por la calle a primera hora de la tarde, seguramente será un turista. Hasta los perros se quedan tumbados a la sombra sin mover ni un músculo. Aunque uno se quede mirándolos un buen rato, es imposible distinguir si están vivos o muertos. Ése es el calor que hace. Correr cuarenta y dos kilómetros en esa estación es una verdadera locura.

Cuando les dije que pretendía correr desde Atenas hasta Maratón yo solo, todos los griegos me dijeron al unísono: «Es mejor que no cometas esa estupidez. Nadie en sus cabales haría tal cosa». Yo, que ignoraba el calor que hacía en Atenas en verano, hasta que llegué allí estaba relativamente tranquilo. Pensaba que bastaría con correr los cuarenta y dos kilómetros y ya está. Sólo había pensado en la distancia, sin plantearme lo de la temperatura. Y cuando llegué a Atenas y comprobé el calor abrasador que hacía, me acobardé. Empecé a pensar si, en efecto, no sería una locura. Pero yo había venido desde muy lejos y había alardeado de que iba a recorrer el itinerario original del maratón con mis propias piernas, para luego escribir un artículo sobre ello. Ahora no podía echarme atrás. Tras mucho cavilar, llegué a la conclusión de que, para evitar el desgaste debido al calor, la única solución era salir de Atenas de madrugada, cuando aún estuviera oscuro, y alcanzar la meta cuando el sol todavía no hubiera alcanzado su cenit. Cuanto peores fueran mis tiempos, más altas serían las temperaturas. Así que aquello iba a ser realmente como *¡Corre, Melos!*,* una carrera contra el sol en el sentido más literal de la expresión.

El fotógrafo que vino conmigo a Grecia, Masao Kageyama, me acompañaba durante la carrera desde

---

* Título de un relato de Osamu Dazai, trasunto de la historia griega de Damón y Fintias. *(N. del T.)*

el coche, junto al redactor, y me sacaba fotos mientras corría. Como no era una auténtica carrera, por supuesto, no había puntos de avituallamiento, de modo que simplemente me daban agua desde el coche de vez en cuando y yo me la bebía. En el verano griego, el calor es salvajemente abrasador todos los días. Hay que tener mucho cuidado con la deshidratación.

–Pero, señor Murakami, ¿piensa usted hacer el recorrido entero? –se sorprendió Kageyama, poco antes de empezar, al ver que me preparaba para correr.

–Pues claro. Para eso he venido, ¿no?

–Bueno, es que... Verá, en este tipo de proyectos casi nadie lo hace entero. Lo normal es sacar unas cuantas fotos, saltándose la parte de en medio. Hum..., ¿entonces va usted a correr...?

No entiendo a la gente. Pero ¿de veras se hacen estas cosas?

Dejando todo eso al margen, el caso es que salí a las cinco y media de la mañana del Estadio Olímpico de Atenas, el mismo que se utilizó en las Olimpiadas, y me dirigí hacia Maratón. La carretera que lleva hasta Maratón es una vía principal directa. Sólo cuando uno corre por ellas se da cuenta de que el pavimento de las carreteras griegas es bastante distinto al de las japonesas. Como en lugar de grava contiene una especie de polvo de mármol, centellea al sol y resulta muy resbaladizo. Cuando llueve, hay que conducir con sumo cuidado. Y, aun cuando no llueva, la suela de tu calzado rechina al contacto con él: «ñic, ñic, ñic...». Esa sensación de textura lisa y resbalosa se va transmitiendo a tus pies. Lo que contaré a continuación es un resumen del artículo que escribí entonces para aquella revista.

*

El sol continúa su ascenso. Correr por las calles del centro de Atenas resulta tremendamente duro. Desde el estadio hasta la avenida que conduce a Maratón –llamada también avenida de Maratón– hay unos cinco kilómetros, pero decenas de semáforos alteran mi ritmo de carrera. Para colmo, muchas zonas de la acera están bloqueadas por obras y por coches mal aparcados, de modo que, cada vez que uno se topa con una de esas zonas, tiene que salir a la calzada, y, como los coches que circulan de madrugada por la ciudad lo hacen a una velocidad endiablada, siente que su integridad física está seriamente amenazada.

A la altura de la entrada de la avenida de Maratón, el sol empieza a mostrarse y las farolas de la ciudad se apagan al unísono. Se aproxima, ganando terreno poco a poco, la hora en la que el sol estival se adueñará de la superficie. También empiezan a verse personas en las paradas de autobús. Como los griegos tienen por costumbre echarse la siesta, a cambio, madrugan para ir al trabajo. Todos me miran con ojos de extrañeza. Supongo que no debe ser frecuente para ellos encontrarse a un oriental corriendo por las calles de Atenas antes del amanecer. Máxime teniendo en cuenta que en

Atenas no hay mucha gente que haga *footing*. Hasta el kilómetro doce se prolonga una larga y suave cuesta. Apenas sopla viento. Al cabo de seis kilómetros me quito la camiseta y me quedo desnudo de cintura para arriba. Como siempre corro sin camiseta, en cuanto me la quito me encuentro muy a gusto (aunque luego lo pasaré mal por las terribles quemaduras del sol).

Superada la cuesta, siento por fin que dejo la ciudad atrás. Es un respiro, pero, al mismo tiempo, desaparecen por completo las aceras y, en su lugar, aparece un estrecho arcén, separado de la calzada tan sólo por una simple línea blanca. Llega la hora punta para ir al trabajo y el tráfico empieza a aumentar. Camiones y autobuses de gran tamaño me pasan rozando a una velocidad de unos ochenta kilómetros por hora. Puede que lo de «avenida de Maratón» evoque una vía con cierto encanto, pero la verdad es que se trata de una carretera como de polígono industrial, hecha para ir al trabajo.

En este punto me encuentro con el primer perro muerto. Es un perro grande de pelo castaño. No aparenta tener ninguna herida externa, ni nada así. Sólo está tirado, sin más, en medio de la carretera. Tal vez sea un perro abandonado al que ha atropellado durante la noche algún coche que circulaba a toda velocidad. Se diría que todavía está caliente. Ni siquiera parece muerto. Más bien, profundamente dormido. Y los conductores de los camiones que van pasando a su lado ni siquiera le dirigen una mirada.

Un poco más adelante me topo con un gato aplastado por los neumáticos de algún vehículo. Éste está completamente chafado, como si fuera una pizza deforme, y reseco por el sol. Parece que lo han atropellado hace mucho tiempo.

Así es esta carretera.

Empiezo a plantearme seriamente qué necesidad tenía yo de venir tan lejos, desde Tokio hasta este bello país, para correr por esta peligrosísima carretera industrial que atraviesa este desolado paisaje. ¿Acaso no tenía nada mejor que hacer? En resumen: tres perros y once gatos. Ése ha sido el número total de animales que han perdido irremisiblemente la vida en el día de hoy a lo largo de la carretera de Maratón. Me deprimo al sacar la cuenta.

Sigo corriendo sin parar. El sol se muestra ya completo ante mí y continúa su ascenso en el cielo a una velocidad vertiginosa. Me entra una sed terrible. No tengo tiempo ni de sudar. El aire está tan extremadamente seco que el sudor se evapora al instante de la piel, dejando sólo tras sí una blanca capa de sal. Aquí lo de sudar la gota gorda no existe, pues el sudor desaparece mucho antes de que le dé tiempo a formar una gota. Me escuece todo el cuerpo por culpa de la sal. Cuando me paso la lengua por los labios, me saben como a salsa de anchoas. Me apetece beberme una cerveza tan helada como un carámbano. Pero eso es imposible, así que bebo lo que, más o menos cada cinco kilómetros, me da el redactor desde el coche en el que me acompaña. Es la primera vez que bebo tanta agua mientras corro.

Pero no me encuentro mal. Todavía me quedan bastantes energías. Corriendo al setenta por ciento de mi capacidad, y a este buen ritmo, seguro que aguanto. Ahora llegan las pendientes, subidas y bajadas que se suceden alternativamente. Como me dirijo desde el interior hacia la costa, hay más bajadas. He dejado atrás el centro de la ciudad, también la periferia, y el paisaje va volviéndose cada vez más rural a mi paso. En el pequeño pueblo de Nea Makri, que está en la ruta, los ancianos beben su café matinal en sus tacitas, sentados a las mesas de la entrada de la cafetería, mientras me miran fijamente y en silencio cuando paso corriendo. Semejan testigos presenciales de una intrascendente escena histórica.

En el kilómetro veintisiete hay un puerto de montaña y, tras superarlo, se empiezan a vislumbrar ya las montañas de Maratón. Según mis cuentas, ya he superado dos tercios del recorrido. Calculo mentalmente los tiempos intermedios y tengo la impresión de que, si sigo así, haré un tiempo de tres horas y treinta minutos aproximadamente. Pero las cosas no van tan bien. Al superar el kilómetro treinta, comienza a soplar un viento en contra desde el mar, que arrecia más y más a medida que me aproximo a Maratón. Es un viento tan fuerte que te escuece en la piel. Tengo la impresión de que, si aflojo un poco, me va a empujar hacia atrás y me hará retroceder. Se percibe levemente el olor a mar. Y comienza una suave cuesta en ascenso. La carretera es una vía directa hasta Maratón, y es tan recta que parece haber sido trazada con una larguísima regla. A partir de aquí es cuando te acomete la verdadera fatiga. Por mucho que te hidrates, al momento vuelves a tener sed. Quiero beberme una cerveza helada.

No, es mejor quitarse de la cabeza lo de la cerveza. Hay que intentar no pensar en el sol. Y olvidémonos también del viento. Y del artículo. Tengo que concentrarme sólo en impulsar alternativamente mis pies hacia delante. Lo demás, por ahora, no son problemas acuciantes.

Supero el kilómetro treinta y cinco. De aquí en adelante ya es para mí *terra incognita*. Y es que nunca he corrido más de treinta y cinco kilómetros. A mi izquierda se alza una hilera de montañas pedregosas y desoladas. Nada más verlas se sabe que son montañas estériles, de las que nada puede sacarse. Pero ¿quién se habrá tomado la molestia de crear algo así? ¿Qué clase de dioses? A mi derecha, los olivares se extienden hasta donde alcanza la vista. Absolutamente todo lo que se ve está cubierto de un polvo blanquecino. Y el viento continúa soplando desde el mar y dañándome la piel. Maldita sea, ¿por qué tiene que soplar un viento tan fuerte?

Al llegar al kilómetro treinta y siete, cualquier cosa me resulta tremendamente desagradable. Ya estoy harto de todo. No quiero correr más. Lo mire como lo mire, mis energías están tocando fondo. Me siento como un coche que sigue corriendo con el depósito vacío. Quiero beber agua, pero temo que, si me detenga a beber, ya no podré continuar. Tengo sed. Pero ya no me queda siquiera la energía para beber agua. Al pensar en ello, comienzo a enfadarme. Me empiezan a molestar las ovejas que pastan felices, esparcidas por el descampado que hay a un lado de la carretera, y me empieza a molestar el fotógrafo, que no cesa de disparar su cámara desde el coche. El ruido del obturador de la cámara es demasiado fuerte. Hay demasiadas ovejas. Apretar el obturador es la labor del fotógrafo y pacer es la de las ovejas. No tengo derecho a quejarme. Aun así, no puedo evitar encolerizarme. Me empiezan a aparecer bultitos blancos por toda la piel. Son ampollas causadas por el sol. Esto se está poniendo muy feo. Maldito calor.

Supero el kilómetro cuarenta.

–Faltan sólo dos kilómetros. ¡Ánimo! –me grita con voz nítida el redactor desde el coche.

Tengo ganas de responderle: «Claro, qué fácil es decirlo», pero sólo lo pienso, no me sale la voz. El sol directo en la piel resulta insufrible. Aunque sólo son poco más de las nueve de la mañana, hace un calor horroroso. El sudor se me mete en los ojos. Me pican a causa de la sal y, durante un rato, no veo nada. Me apetece frotármelos con la mano, pero, como tanto las manos como la cara las tengo completamente cubiertas de sal, seguro que, si lo hiciera, me escocerían mucho más.

Más allá de los altos herbazales que crecen en verano se vislumbra, diminuta, la meta. Es una lápida conmemorativa del acontecimiento de Maratón situada a la entrada del pueblo. Al principio no consigo discernir si se trata realmente de la meta o no. Me da la impresión de que, para ser la meta, ha aparecido demasiado de repente. Por supuesto, me alegra que ya se vea el final, pero, sin saber por qué, lo de la aparición repentina me ha enojado. Se trata ya del final, así que exprimo al máximo mis fuerzas para intentar acelerar en la llegada; sin embargo, por más que lo intento, las piernas no me responden. No consigo recordar bien cómo funciona mi cuerpo. Tengo la sensación de que me están pasando un cepillo de carpintero oxidado por todos los músculos de mi cuerpo.

Meta.

Por fin llego a la meta. No siento de ningún modo la satisfacción de haber logrado nada. Lo único que hay en mi cabeza es la sensación de alivio por no tener que correr más. Me refresco con agua de una gasolinera el cuerpo abrasado y me lavo la blanca sal que llevo adherida a él. Con tanta sal, parezco una salina humana. El hombre de la gasolinera, que ya se ha enterado de qué va todo aquello, corta unas flores de los maceteros, improvisa un pequeño ramo y me lo entrega. «¡Muy bien, enhorabuena!» Estos pequeños detalles por parte de la gente de un país que no es el mío me calan muy hondo. Maratón es un pueblo pequeño y cordial. Un pueblo tranquilo y pacífico. Se me antoja imposible que, en un lugar como éste, hace unos cuantos miles de años, el ejército griego derrotara al invasor persa a orillas del mar, tras una brutal batalla. En un café del pueblo de Maratón, me tomo una cerveza Amstel todo lo fría que quiero. Por supuesto, está buenísima. Pero la cerveza real no está tan buena como la que yo imaginaba y ansiaba fervientemente mientras corría. No existe en ninguna parte del mundo real nada tan bello como las fantasías que alberga quien ha perdido la cordura.

Tiempo empleado para ir desde Atenas a Maratón: tres horas y cincuenta y un minutos. No puede decirse que sea un buen tiempo, pero al menos he conseguido recorrer la ruta de Maratón completa yo solo. Llevando únicamente como rivales a un tráfico infernal, un calor inimaginable y una sed indescriptible. Tal vez debería sentirme orgulloso. Pero ahora eso me da igual. De momento, ya no hace falta que corra ni una zancada más, y eso es lo que de veras me alegra.

¡Menos mal! Ya no tengo que correr más.

*

Ésta fue mi primera carrera de (casi) cuarenta y dos kilómetros. Y, afortunadamente, también fue la última en que tuve que correr cuarenta y dos kilómetros en condiciones tan extremas. En diciembre de ese mismo año acabé el Maratón de Honolulú con un tiempo pasable. En Hawai también hacía calor, pero, comparado con el de Atenas, era como un juego de niños. De modo que mi verdadero debut en un maratón oficial completo tuvo lugar en Honolulú. Y, desde entonces, lo de correr un maratón completo una vez al año se convirtió en una costumbre.

Pero lo cierto –y esto lo he descubierto al releer esas líneas que escribí entonces– es que ahora, pasados ya veintitantos años, a lo largo de los cuales he venido corriendo prácticamente un maratón por año, se diría que nada ha cambiado. También ahora, cada vez que voy a participar en un maratón, paso más o menos por el mismo proceso mental que he descrito aquí: hasta el kilómetro treinta pienso «puede que esta vez haga un buen tiempo», pero, al superar el kilómetro treinta y cinco, se me va agotando el combustible y empiezo a enfadarme con todo lo que me circunda. Y, al final, me siento exactamente como un coche que sigue corriendo con el depósito vacío. Sin embargo, poco después de dejar de correr, todo lo que he sufrido y todo lo miserable que me he sentido se me olvidan, como si jamás hubieran sucedido, y ya vuelvo a estar decidido a hacerlo mejor la próxima vez. Por más experiencia que adquiera, por más años de edad que acumule, al final siempre se repite lo mismo.

Eso es. Hay algunos procesos que, hagas lo que hagas, no toleran los cambios. Eso creo yo. Y, si no tenemos más remedio que coexistir con ese tipo de procesos, lo único que podemos hacer es transformarnos (o deformarnos) nosotros mismos mediante perseverantes repeticiones e ir incorporando esos procesos hasta que formen parte de nuestra personalidad.

¡Qué alivio! ¡Ya no tengo que correr más!

Cuatro
19 de septiembre de 2005 – Tokio
La mayoría de los métodos que conozco para escribir novelas los he aprendido corriendo cada mañana

El 10 de septiembre partí de Kauai, regresé a Japón y permanecí allí unas dos semanas.

En Japón no hago más que ir y venir en coche del apartamento en Tokio, que hace las veces de oficina, a mi casa, en la prefectura de Kanagawa. Por supuesto, durante esta temporada sigo corriendo, pero, como hace mucho que no regreso a Japón, allí me esperan, agazapadas y al acecho, un montón de tareas pendientes. Tengo que ir despachándolas una por una. También tengo que ver a muchas personas. Por eso ya no puedo correr a mis anchas, como en agosto. Por tanto, cuando encuentro un hueco, me entreno corriendo largas distancias. Durante esa estancia en Japón corro dos veces veinte kilómetros y una vez treinta. Por los pelos, pero consigo mantener el promedio de diez kilómetros diarios.

También, con toda intención, he practicado mucho las cuestas. Alrededor de mi casa hay un circuito con tramos de bastante desnivel (tal vez como la altura de un edificio de cinco o seis plantas) al que di veintiuna vueltas. Tardé una hora y cuarenta y cinco minutos. Ese día hacía un bochorno sofocante y eso me afectó bastante. El itinerario del Maratón de Nueva York es prácticamente todo llano, pero hay que cruzar un total de siete grandes puentes, la mayoría de ellos de estructura colgante, con lo que su parte central describe una pendiente pronunciada. Hasta ahora he corrido tres veces en Nueva York, y lo que más me ha afectado siempre a las piernas, con diferencia, han sido esas larguísimas subidas y bajadas.

Además, también están esas terribles subidas y bajadas que te aguardan al final del recorrido, una vez que entras en Central Park, y en las que siempre me veo obligado a moderar el ritmo. Estas cuestas de Central Park son sólo suaves pendientes si las subes haciendo *footing* por la mañana, pero, situadas en los tramos finales de un maratón, son como un muro que se yergue ante los corredores impidiéndoles el paso. Te van arrancando sin piedad esas fuerzas que habías reservado para el final. Aunque intento alentarme a mí mismo diciéndome que ya falta muy poco para la meta, lo de avanzar es ya sólo una intención, y la meta apenas se aproxima. Tengo sed, pero mi estómago no admite más agua. En ese momento también mis piernas empiezan a quejarse.

No se me dan mal las cuestas. Cuando en un recorrido hay cuestas, en ellas suelo adelantar a otros corredores, así que, en condiciones normales, debería recibirlas más bien de buena gana, pero, aun así, las últimas cuestas de Central Park me resultan siempre devastadoras. A mí me gustaría disfrutar (relativamente) de los últimos kilómetros, esprintar con todas mis energías y entrar en la meta con una sonrisa. Ése es uno de mis objetivos en esta próxima carrera.

No descansar dos días seguidos, aunque el tiempo total dedicado al entrenamiento disminuya, es la regla básica durante la fase de preparación. Los músculos son como animales de carga dotados de buena memoria. Si los vas cargando gradualmente y con mucho cuidado, los músculos se van adaptando de manera natural para resistir esa carga. Si los vas convenciendo poco a poco con ejemplos prácticos del estilo: «Venga, al menos este trabajo tienes que hacérmelo, ¿eh?», también ellos acaban por decir «de acuerdo», y poco a poco se van esforzando cada vez más en atender a tus requerimientos. Por supuesto, se necesita tiempo. Y, si los sobrecargas, se dañan. Pero, con tal de que te tomes tu tiempo y procedas de manera gradual, ellos van fortaleciéndose sin quejarse (aunque de vez en cuando tuerzan el gesto), con aguante y, a su manera, también con docilidad. Ese recuerdo de «tener que terminar al menos esta tarea» se va infiltrando en los músculos a base de reiteración. Y es que nuestros músculos tienen un alto sentido del deber: basta con que sigamos el protocolo correcto para que no protesten.

Pero, si dejas pasar unos días seguidos sin hacerles trabajar, automáticamente piensan: «¿Cómo? ¿Ya no tenemos que esforzarnos hasta ese punto? ¡Uf, qué bien!», y van bajando el listón. Porque a los músculos, al igual que ocurre con los animales, a ser posible también les gusta vivir cómodamente, de modo que, si uno deja de proporcionarles carga, se relajan y empiezan a olvidar, van perdiendo el recuerdo. Y, para poder reinsertarles ese recuerdo que han perdido, hay que repetir todo el proceso desde el principio. Por supuesto, el descanso también es necesario. Pero en una época tan importante como ésta, con la carrera a punto de celebrarse, hay que plantarse ante ellos con firmeza y pedirles que se preparen para lo peor. Hay que dejarles bien claro que esto es muy serio. Hay que mantenerlos en permanente tensión; sin llevarlos al límite, tampoco hay que ser clementes con ellos. Todos los corredores con experiencia han ido aprendiendo de modo natural este tipo de estrategias.

Durante mi estancia en Japón, sale a la venta el volumen de relatos cortos titulado *Cuentos extraños de Tokio*.* Eso me obliga a atender varias entrevistas. También tengo que hablar del diseño de la cubierta y corregir las pruebas de imprenta de una recopilación de reseñas musicales cuya aparición está prevista para noviembre. Asimismo, tengo que corregir las pruebas de las *Obras completas* de Raymond Carver, que saldrán en rústica el año que viene. Como quiero aprovechar

---

* Los relatos que componen *Cuentos extraños de Tokio* están recogidos en el volumen *Sauce ciego, mujer dormida* (traducción de Lourdes Porta, Tusquets Editores, colección Andanzas y colección Maxi, Barcelona, 2008 y 2009, respectivamente). *(N. del E.)*

esta nueva edición para revisar íntegramente la traducción, me temo que necesitaré bastante tiempo. Además, también tengo que escribir un largo prólogo para la colección de relatos cortos *Sauce ciego, mujer dormida,* que se publicará en Estados Unidos el año que viene. A todas éstas, he de encontrar tiempo para ir escribiendo (aunque no me lo haya pedido nadie) esta especie de ensayo sobre el correr. En silencio, golpe a golpe, como el diligente herrero de un pueblo.

Y tengo que despachar algunas cuestiones prácticas. La chica que trabajaba como asistente en la oficina de Tokio mientras nosotros vivíamos en Estados Unidos me soltó de repente que quería dejar el trabajo antes de que acabara el año porque iba a casarse, así que debo buscar a alguien que la sustituya. No podemos permitirnos cerrar la oficina durante el verano. Además, en cuanto vuelva a Cambridge, me he comprometido a impartir unas conferencias en algunas universidades, así que tengo que prepararlas también.

Voy ocupándome de todas estas cosas ordenadamente y en un plazo de tiempo muy limitado. Para colmo, tengo que continuar con mi preparación para la carrera de Nueva York. Estoy tan liado que querría movilizar a un segundo yo para que me ayudara. De todos modos, sigo corriendo. Para mí, correr a diario es vital, de modo que no puedo aflojar o dejarlo sólo porque esté ocupado. Si tuviera que dejar de correr sólo porque estoy ocupado, sin duda no podría correr en mi vida. Y es que razones para seguir corriendo no hay más que unas pocas, pero, si es para dejarlo, hay para llenar un tráiler. Así las cosas, lo único que podemos hacer es seguir puliendo, cuidadosamente y una por una, esas «pocas razones». Seguir puliéndolas denodadamente y sin dejar un resquicio en cuanto encontremos tiempo para ello.

Cuando estoy en Tokio, suelo correr por el parque Jingu Gaien. Es un recorrido circular que está al lado del estadio Jingu. No es comparable al Central Park de Nueva York, pero es una zona verde en el centro de Tokio, algo muy inusual. Acostumbrado a correr por él durante muchos años, tengo sus distancias grabadas en mi cabeza hasta el último detalle. Y tengo memorizados cada uno de sus baches y desniveles. Por eso es perfecto para poder entrenar controlando la velocidad. Por contra, alrededor hay un tráfico denso; dependiendo de la hora, también hay muchos peatones, y el aire no está demasiado limpio; aun así, teniendo en cuenta que está en el mismísimo centro de Tokio, es todo un lujo. El simple hecho de tener un lugar donde poder correr cerca de casa por fuerza ha de hacer que me sienta afortunado.

Una vuelta al Jingu Gaien son 1.325 metros y, como cada cien metros hay una marca en el suelo, resulta muy práctico para correr. Cuando quiero correr a cinco minutos y medio el kilómetro, o a cinco minutos el kilómetro, o a cuatro minutos y medio el kilómetro, o sea, fijando de antemano el ritmo, elijo este lugar. En la época en que empecé a correr en Jingu Gaien, el corredor Toshihiko Seko, que entonces estaba en activo, también corría por allí. Se entrenaba a muerte para los Juegos Olímpicos de Los Ángeles. Lo único que ocupaba su mente era la brillante medalla de oro. Para él, que se había perdido las anteriores Olimpiadas de Moscú debido al boicot que se produjo por razones políticas, Los Ángeles era, seguramente, su última oportunidad de ganar una medalla. Flotaba en él una especie de aureola de heroísmo que, al mirarle a los ojos mientras corría, podías captar perfectamente. Entonces todavía vivía el entrenador Kiyoshi Nakamura, y en el equipo de atletismo de Alimentación S&B se habían dado cita un buen grupo de corredores muy capacitados, con empuje y vitalidad como para parar varios trenes. Como los corredores del S&B también solían usar el circuito del Jingu Gaien para su entrenamiento diario, de tanto cruzarnos por él, nos fuimos conociendo de vista. Incluso me permitieron que fuera a tomar datos e información a un entrenamiento suyo en Okinawa.

Por la mañana temprano, antes de ir a sus respectivos trabajos, hacían *footing* cada uno por su cuenta y, por la tarde, se reunían y entrenaban ya en equipo. Tiempo atrás, yo hacía *footing* todos los días por allí antes de las siete de la mañana (a esa hora todavía había poco tráfico, no había casi peatones y el aire estaba relativamente limpio), así que me cruzaba con los corredores del S&B que se estaban entrenando individualmente a esa misma hora y, muy a menudo, nos saludábamos con la mirada. A veces, los días de lluvia también intercambiábamos unas sonrisas. Como diciéndonos: «Hoy nos toca aguantar, ¿eh?». Recuerdo en particular a dos jóvenes corredores que se llamaban Tomoyuki Taniguchi y Yutaka Kanai. Ambos estarían en la segunda mitad de la veintena. Creo que provenían del Club de Atletismo de la Universidad de Waseda y que, en su época universitaria, participaron en el maratón de relevos de Hakone. Cuando Seko se hizo cargo del puesto de entrenador, se depositaron muchas esperanzas en esas dos jóvenes estrellas del S&B. Creo que tenían opciones de ganar una medalla olímpica. Y aguantaban bien los duros entrenamientos. Pero, en Hokkaido, durante una concentración de verano, tuvieron un accidente de tráfico en uno de los desplazamientos y los dos fallecieron en él. Tuve ocasión de comprobar con mis propios ojos hasta qué punto ambos habían entrenado duro día a día, así que, cuando me enteré de su muerte, me quedé consternado. Se me encogió el corazón y lo sentí de veras.

Apenas los conocía. Sólo había cruzado con ellos unas cuantas palabras. De que ambos acababan de casarse me enteré también después de su muerte. Pero tengo la impresión de que, como corredores de fondo y dado que a diario nos veíamos las caras sobre el terreno, existía entre nosotros una suerte de entendimiento que no precisaba de palabras. Por más diferencias de nivel que hubiera entre ellos y yo, hay cosas que sólo comprendemos los que corremos largas distancias. Eso es lo que yo pienso.

También ahora, cuando corro por las mañanas por

el circuito de alrededor del Palacio Imperial de Akasaka o por Jingu Gaien, me acuerdo a veces de ellos. Hay momentos en los que hasta tengo la impresión de que, al volver la esquina, voy a encontrármelos corriendo de frente hacia mí, en silencio, exhalando vaho blanco por la boca. Y siempre pienso lo siguiente: los sentimientos de ambos, que soportaron tan duros entrenamientos, sus proyectos, sus sueños, los deseos y esperanzas que albergaban y que ahora se han esfumado... ¿adónde han ido? ¿Acaso nuestros sentimientos desaparecen y se pierden así, sin más, de un modo tan frustrante, cuando muere nuestro cuerpo?

En los alrededores de mi casa en Kanagawa, puedo entrenar de un modo completamente distinto a cuando estoy en Tokio. Como ya he dicho, cerca de mi casa hay un circuito con cuestas bastante duras. Hay además otro circuito perfecto para preparar un maratón; se tarda unas tres horas en dar una vuelta completa. En su mayor parte, es un recorrido plano que discurre a lo largo de la ribera del río y de la costa marítima. Además, casi no pasan coches y apenas hay semáforos. Y, a diferencia de Tokio, el aire está limpio. Correr a solas durante tres horas resulta, ciertamente, bastante aburrido, pero yo me armo de determinación y avanzo por él relajadamente, mientras escucho la música que me gusta. Ahora bien, el circuito llega hasta muy lejos, de modo que, una vez que has empezado a correr, no puedes decir: «Lo dejo a mitad, estoy cansado». Hay que regresar aunque sea a gatas. Con todo, no puede decirse que no sea un buen entorno para correr.

Pero hablemos sobre escribir novelas.

Cuando me entrevistan como novelista, a veces me preguntan cuál es la cualidad más importante para serlo. Ni que decir tiene que la cualidad indispensable para un novelista es, sin duda, el talento. Si no se tiene absolutamente nada de talento literario, por más que uno se esfuerce, nunca llegará a ser novelista. Más que de una cualidad necesaria, se trata de una premisa. Por muy bueno que sea un coche, si no tiene ni una gota de combustible, no arranca.

Pero el principal problema del talento radica en que, en la mayoría de los casos, quienes lo poseen no son capaces de controlar bien ni su cantidad ni su calidad. Si consideran que no tienen demasiado talento, aunque pretendan aumentarlo algo o intenten estirarlo a base de ir racionándolo, no lo conseguirán fácilmente. El talento no tiene nada que ver con la voluntad. Brota libremente, cuando quiere y en la cantidad que quiere, y, cuando se seca, no hay nada que hacer. Las vidas de músicos como Schubert o Mozart, o de ciertos poetas o cantantes de rock, que derrocharon talento en poco tiempo para morir luego de forma dramática a muy temprana edad, convirtiéndose de ese modo en hermosas leyendas, son fascinantes, pero a la mayoría de nosotros no nos sirven de referencia.

Si me preguntaran cuál es, después del talento, la siguiente cualidad que necesita un novelista, contestaría sin dudarlo que la capacidad de concentración. La capacidad para concentrar esa cantidad limitada de talento que uno posee en el punto preciso y verterla en él. Sin esa concentración, no se alcanzan grandes logros. Además, si se usa con eficacia, con esta habilidad se pueden suplir en cierta medida las carencias y desequilibrios del talento. Yo, por lo general, trabajo tres o cuatro horas al día, por la mañana. Me siento frente al escritorio, dirijo mi atención únicamente a lo que escribo. No pienso en nada más. No miro nada más. Es sólo mi opinión, pero, por mucho talento que tenga un autor y por muy llena que tenga la cabeza de ideas para escribir novelas, si, por ejemplo, le duelen mucho las muelas, seguramente no será capaz de escribir nada. Y es que un dolor fuerte inhibe la capacidad de concentración. A esto me refiero cuando digo que, sin ella, no se puede lograr nada.

Después de la capacidad de concentración, es imprescindible la constancia. Aunque uno pueda escribir con concentración durante tres o cuatro horas al día, si no es capaz de mantener ese ritmo durante una semana porque acaba extenuado, nunca podrá escribir una obra larga. El novelista (al menos el que aspira a escribir una novela larga) debe ser capaz de mantener la concentración diaria durante un largo lapso de tiempo, sea medio año, uno, o dos. Comparémoslo con la respiración: si la concentración consistiera simplemente en contener profundamente la respiración, la constancia consistiría en aprender el truco para ser capaz de ir respirando, lenta y silenciosamente, al tiempo que se contiene la respiración. Si no hay equilibrio entre esos dos factores, inspiración y espiración, resulta muy difícil poder dedicarse profesionalmente a escribir novelas durante muchos años. Hay que ser capaz de seguir respirando mientras se contiene la respiración.

Por fortuna, estas dos capacidades –concentración y constancia–, a diferencia del talento, se pueden adquirir a posteriori mediante entrenamiento, y pueden ir mejorándose cualitativamente. Si todos los días te sientas ante tu escritorio y practicas para concentrar toda tu atención en un punto, vas adquiriendo esa capacidad de concentración y esa continuidad de manera natural. Es algo parecido al adiestramiento muscular al que me he referido antes. Se trata de transmitirle constantemente a nuestro cuerpo el mensaje de que trabajar escribiendo concentrado día a día, sin descanso, es necesario para ese ser humano que es uno mismo, y lograr que memorice bien ese mensaje. Después, poco a poco, hay que ir levantando el listón. Hay que ir subiendo el indicador a hurtadillas, tan progresiva y levemente que ni se dé cuenta. Es una labor similar a la de ir ganando fuerza muscular y forjándose una constitución física de corredor a fuerza de hacer *footing* todos los días. Estimularse y continuar, estimularse y continuar... Por supuesto, para esta labor se necesita aguante. Pero también tiene su recompensa.

Raymond Chandler, excelente autor de novelas de intriga, decía en una carta privada algo así como: «Aunque no tenga nada que escribir, siempre me siento unas cuantas horas al día ante mi mesa, a solas, para concentrarme», y yo comprendo muy bien por qué lo hacía: de ese modo, Chandler fortalecía, con todo su empeño y en silencio, su entusiasmo y el tono muscular necesarios para poder ser novelista profesional. Ese tipo de entrenamiento diario le era indispensable.

Soy consciente de que escribir novelas largas es básicamente una labor física. Tal vez el hecho de escribir sea, en sí mismo, una labor intelectual. Pero terminar de escribir un libro se parece más al trabajo físico. Por supuesto que, para escribir un libro, no es necesario levantar grandes pesos, ni correr muy rápido, ni volar muy alto. Por eso, la mayoría de la gente, que sólo ve el exterior, cree que el trabajo de novelista es una tranquila labor intelectual de despacho. Tal vez piensen que, con tal de tener la fuerza suficiente para poder levantar la taza de café, se pueden escribir novelas. Pero, si probaran de veras a hacerlo, estoy seguro de que enseguida me comprenderían y se darían cuenta de que escribir novelas no es un trabajo tan apacible. Es sentarse ante la mesa y concentrar todos tus sentidos en un solo punto, como si fuera un rayo láser, poner en marcha tu imaginación a partir de un horizonte vacío y crear historias, seleccionando una a una las palabras adecuadas y logrando mantener todos los flujos de la historia en el cauce por el que deben discurrir. Y para este tipo de labores se requiere una cantidad de energía a largo plazo mucho mayor de la que generalmente se cree. Y es que, aunque realmente el cuerpo no se mueva, en su interior está desarrollándose una frenética actividad que lo deja extenuado. Por supuesto, la que piensa es la cabeza, la mente. Pero los novelistas, envueltos en el ropaje de nuestras «historias», pensamos con todo el cuerpo, y esa tarea requiere que el escritor use –en muchos casos que abuse– todas sus capacidades físicas por igual.

Los autores dotados de talento son capaces de llevar a cabo este tipo de tareas de un modo casi involuntario e incluso, en algunos casos, inconsciente. Cuando se posee un mínimo de talento, escribir novelas no resulta algo tan difícil, especialmente mientras se es joven. Entonces muchos obstáculos se pueden ir superando sin problemas. Ser joven supone rebosar de vitalidad por los cuatro costados. Si necesitas capacidad de concentración o constancia, te vienen dadas de serie. Prácticamente, no necesitas pedir nada más. Ser joven y con talento es como estar dotado de alas para volar.

Con el paso de los años, sin embargo, esa carencia de restricciones, esa libertad, en la mayoría de los casos va perdiendo su frescura y su ímpetu naturales de manera progresiva. A partir de cierta edad, actividades que antaño habrías podido realizar con suma facilidad pasan a no resultar ya tan fáciles. Es como cuando la velocidad de las bolas rápidas de un pitcher especializado ese tipo de lanzamientos comienza a decaer poco a poco. Por supuesto, esa progresiva pérdida natural de talento se puede ir supliendo a base de madurez personal. Al igual que ese pitcher especializado en bolas rápidas se transforma, a partir de cierto momento, en un lanzador más cerebral, especializado en bolas con efecto. Por supuesto eso también tiene sus limitaciones. La tenue sombra de la sensación de pérdida de capacidad puede, sin duda, estar al acecho.

Por su parte, los escritores que no están dotados de tanto talento (o que no tienen más remedio que ir tirando con el justito que poseen) tienen que ir ganando fuerza muscular ya desde jóvenes. Alimentan su capacidad de concentración a base de entrenamiento y trabajan su constancia. Se ven obligados a utilizar esas capacidades (hasta cierto punto) como «sustitutivos» del talento. A veces, sin embargo, ocurre que, mientras «capean el temporal» de ese modo, descubren por casualidad el verdadero talento oculto que albergaban en su interior. Mientras cavan a pico y pala, a costa de mucho empeño y sudores, un agujero a sus pies, se topan por casualidad con esa veta de agua secreta que yacía dormida en lo más profundo del subsuelo. Menuda suerte, ¿no? Pero es que, si nos remontamos al origen, lo que ha hecho posible esa «suerte» es el entrenamiento que han realizado, desde hace tanto tiempo, para adquirir la fuerza que les permitiera cavar ese agujero tan profundo. Supongo que los escritores que vieron florecer su talento en los últimos años de su vida experimentaron, en mayor o menor medida, un proceso como éste.

Por supuesto, también hay en este mundo (aunque pueden contarse con los dedos de una mano) personajes dotados de un enorme y auténtico talento, un talento inmarcesible que les permite escribir obras cuya calidad nunca disminuye. Es un caudal de agua que pueden usar a su antojo, porque nunca se agota. Y esto es algo de lo que la literatura debe alegrarse. Si no existieran gigantes como ellos, la historia de la literatura no podría enorgullecerse de la riqueza acumulada hasta ahora. Si tuviera que dar nombres concretos, mencionaría a Shakespeare, Balzac, Dickens... Pero los gigantes son eso: gigantes. Son a todas luces seres excepcionales, legendarios. Los escritores que no somos gigantes, es decir, la gran mayoría –por supuesto, yo me cuento entre ellos–, tenemos que ir supliendo nuestras carencias a base de esfuerzo y de ir ingeniándonoslas en muchos aspectos. De otro modo nos resultaría imposible escribir durante un periodo prolongado novelas dignas de tenerse en cuenta. De qué manera, y en qué dirección, cada uno va supliendo sus propias carencias, eso dependerá ya del gusto y las particularidades de cada cual.

En mi caso, la mayoría de lo que sé sobre la escritura lo he ido aprendiendo corriendo por la calle cada mañana. De un modo natural, físico y práctico. ¿En qué medida y hasta dónde debo forzarme? ¿Cuánto descanso está justificado y cuánto es excesivo? ¿Hasta dónde llega la adecuada coherencia y a partir de dónde empieza la mezquindad? ¿Cuánto debo fijarme en el paisaje exterior y cuánto concentrarme profundamente en mi interior? ¿Hasta qué punto debo creer firmemente en mi capacidad y hasta qué punto debo dudar de ella? Tengo la impresión de que si, cuando decidí hacerme escritor, no se me hubiera ocurrido empezar a correr largas distancias, las obras que he escrito serían sin duda bastante diferentes. Concretamente, ¿en qué modo lo serían? No lo sé, a tanto ya no llego. Pero seguro que serían muy distintas.

En cualquier caso, me alegro de haber seguido corriendo sin descanso hasta hoy. Porque las novelas que escribo ahora también me gustan a mí. Y estoy deseando saber cómo será la próxima. Que al tiempo que recorro el camino de mi intrascendente vida plagada de contradicciones, como ser incompleto, como escritor con sus limitaciones, todavía siga sintiendo estas cosas, debe de ser un importante logro. Puede que exagere un poco, pero tengo incluso la impresión de que podría llamarlo «milagro». Y si el hecho de correr a diario me ha ayudado a lograrlo, aunque sólo sea en cierta medida, entonces debería estarle profundamente agradecido.

A veces, algunas personas se dirigen a los que corremos a diario para preguntarnos burlonamente si lo que pretendemos con tanto esfuerzo es vivir más. La verdad es que no creo que haya mucha gente que corra a fin de vivir más. Más bien tengo la impresión de que son más numerosos los que corren pensando: «No importa si no vivo mucho, pero, mientras viva, quiero al menos que esa vida sea plena». Por supuesto, es muchísimo mejor vivir diez años de vida con intensidad y perseverando en un firme objetivo, que vivir esos diez años de un modo vacuo y disperso. Y yo pienso que correr me ayuda a conseguirlo. Ir consumiéndose a uno mismo, con cierta eficiencia y dentro de las limitaciones que nos han sido impuestas a cada uno, es la esencia del correr y, al mismo tiempo, una metáfora del vivir (y, para mí, también del escribir). Probablemente muchos corredores compartan esta opinión.

Acudo a un gimnasio situado cerca de la oficina de Tokio a que me hagan estiramientos musculares. Estos «estiramientos asistidos» consisten en efectuar con ayuda de un entrenador estiramientos de las zonas que uno no puede realizar con eficacia por sí mismo. Como tengo todos los músculos del cuerpo absolutamente agarrotados debido a tanto entrenamiento duro y prolongado, si no hiciera esto de vez en cuando, mi cuerpo podría sufrir un reventón antes de la carrera. Es importante llevar al cuerpo hasta el límite, pero, si lo sobrepasas, podrías quedarte sin nada.

La entrenadora que me ayuda con los estiramientos es una mujer joven, pero tiene mucha fuerza. Quiero decir que la «asistencia» que me proporciona conlleva una fuerte –por no decir tremenda– carga de dolor. Tanto que, tras media hora de estiramientos, tengo empapada de sudor hasta la ropa interior. Suele decirme, impresionada: «Hay que ver hasta qué punto tiene usted los músculos agarrotados, ¿eh? Creo que estaba a punto de sufrir un calambre. A cualquier otra persona ya le habría pasado algo mucho antes. Pero ¿cómo puede usted llevar una vida normal en estas condiciones?».

Me dice que, si sigo atormentando tanto a mis músculos, tarde o temprano sufriré una lesión. Y puede que sea así. Pero a mí me da la impresión –que es sobre todo un deseo– de que saldré adelante sin que eso me ocurra. Porque llevo mucho tiempo manteniendo esa relación, tan al límite, con mis músculos. Cuando entreno concentrado, por lo general mis músculos se endurecen a más no poder. Tanto que, cuando por las mañanas me calzo mis deportivas y empiezo a correr, las piernas me pesan horrores, y creo que nunca más volverán a funcionarme como Dios manda. Y así, casi arrastrándolas, empiezo a correr lenta y pesadamente por la carretera. Ni siquiera consigo alcanzar a las señoras del vecindario que caminan a buen paso. Pero, mientras aguanto corriendo, los músculos se me van soltando y, más o menos a los veinte minutos, ya corro con normalidad. Lentamente también gano velocidad. Y entonces ya soy capaz de seguir corriendo mecánicamente sin mayores sufrimientos.

En resumen: mis músculos son de los que necesitan tiempo para arrancar. Su despegue es notablemente lento. A cambio, una vez que empiezan a funcionar en caliente, pueden seguir en movimiento durante largo tiempo, sin forzarlos y manteniendo un buen tono. Supongo que cabe decir que son los músculos «idóneos para largas distancias». Y que, por tanto, no están hechos en absoluto para las cortas. En una competición de corta distancia, es muy posible que, para cuando el motor de mis músculos se hubiera puesto en marcha, la carrera ya se habría acabado. Creo, aunque no domino las especificidades de esta materia, que estas peculiaridades de los músculos son, hasta cierto punto, algo congénito. Y tengo la impresión de que, además, esas peculiaridades de los músculos están ligadas a las de mi mente. ¿Significa eso, en definitiva, que la mente humana está condicionada por las características del cuerpo? ¿O, por el contrario, son las peculiaridades de la mente las que intervienen en la formación del cuerpo? ¿O acaso cuerpo y mente se influyen e interactúan mutua e íntimamente? Yo sólo puedo decir que, en mi opinión, cada persona tiene algo así como unas «tendencias generales» de nacimiento y, le gusten o no, es imposible huir de ellas. Se pueden regular hasta cierto punto. Pero no cambiar de raíz. La gente las llama naturaleza.

Generalmente mi ritmo cardiaco es de tan sólo cincuenta pulsaciones por minuto. Creo que es bastante lento (por cierto, tengo entendido que el de la atleta Naoko Takahashi, que ganó la medalla de oro en Sidney, es de treinta y cinco). Pero, tras correr unos treinta minutos, mis pulsaciones suben aproximadamente a setenta. Y, después de haber corrido a tope, se aproximan a cien. O sea, que tengo que correr un poco para que su número se asemeje por fin al de la gente normal. Es otra prueba evidente de constitución física «idónea para largas distancias». Desde que empecé a correr todos los días, mis pulsaciones fueron bajando a ojos vista. Mi cuerpo iba ajustando el número de pulsaciones para adecuarlas a la carrera de largas distancias. Si de partida tuviéramos las pulsaciones altas y éstas fueran aumentando al correr largas distancias, nuestro corazón se colapsaría enseguida. Cuando voy al hospital en Estados Unidos, en una especie de examen previo del que se ocupan las enfermeras, entre otras cosas te toman el pulso. Siempre me dicen: «Ah, es usted corredor, ¿verdad?». Supongo que todos los corredores de fondo acabamos teniendo más o menos el mismo número de pulsaciones. Corriendo por las calles, se puede distinguir fácilmente a los principiantes de los veteranos. Los que respiran a bocanadas cortas y jadeando son los principiantes, en tanto que los veteranos lo hacen de modo silencioso y regular. Sumidos en sus pensamientos, su corazón les va marcando lentamente el tiempo. Cuando nos cruzamos por los caminos, uno capta el ritmo respiratorio del otro y percibe cómo el otro marca el tiempo. Del mismo modo, cada escritor capta el estilo y el modo en que otro escritor utiliza el lenguaje.

El caso es que, en este instante, tengo los músculos como piedras. Por muchos estiramientos que haga, no consigo que se relajen. Seguro que, en parte, se debe a que ahora estoy en el punto álgido del programa de entrenamiento; aun así, me parece que los tengo demasiado rígidos. De vez en cuando, me tengo que soltar las zonas agarrotadas de las piernas golpeándolas con los nudillos con firmeza y determinación (lo que, por supuesto, duele bastante). Mis músculos son tan testarudos como yo. Mejor dicho, lo son aún más. Mis músculos memorizan y aguantan. Y también mejoran, en cierta medida. Pero no quieren avenirse a nada conmigo. Ni se plantean flexibilizar su postura frente a mí. Pero, me guste o no, éste es el cuerpo que tengo. Mi cuerpo, con sus límites y sus inclinaciones. Al igual que con mi cara o con mi talento, aunque haya aspectos suyos que no me gusten, no dispongo de otro cuerpo, así que no tengo más remedio que ir tirando con él. Con la edad, uno va aprendiendo a apañárselas con lo que tiene. Acabas sabiendo preparar fácilmente una comida decente (e ingeniosa) con lo que queda en el frigorífico. Aunque sólo queden manzanas, cebollas, queso y *umeboshi*,* no te quejas. Te las apañas con lo que tienes. Y das gracias por tener algo que llevarte a la boca. Llegar a pensar así es una de las pocas ventajas que tiene la edad.

Hacía mucho que no corría por Tokio. En septiembre todavía hace bastante calor. El rigor de los últimos calores estivales se acentúa en la capital. Corro en silencio y sudando a mares. Noto cómo la gorra se me va

---

* *Umeboshi:* ciruelas encurtidas. *(N. del T.)*

empapando. Veo el sudor que va esparciendo mi cuerpo: salpico gotas de sudor que se convierten en sombras proyectadas con nitidez sobre el suelo. Caen sobre él y se evaporan al instante.

El semblante de la gente que corre largas distancias es parecido en cualquier parte del mundo. Todos dan la impresión de pensar en algo. Tal vez no piensen en nada, pero parecen tener la mente fija en algo. Me impresiona ver cómo corren a pesar del calor que hace, no puedo evitarlo, pero, cuando me paro a pensarlo, caigo en la cuenta de que yo hago exactamente lo mismo.

Mientras corro por el parque de Jingu Gaien, me llama una señora que pasa por allí. Es una lectora mía. No es algo habitual, pero a veces me ocurre. Dejo de correr y conversamos unos instantes. Me dice que lee mis novelas desde hace más de veinte años. Empezó a leerme cuando tenía dieciocho o diecinueve y ahora tiene treinta y muchos. Todos vamos envejeciendo por igual. «Gracias», le digo yo. Nos despedimos con un apretón de manos y una sonrisa, aunque me temo que mi mano estaba empapada de sudor. Yo vuelvo a ponerme a correr. Ella se encamina de nuevo hacia su destino, que no sé cuál es. Y yo sigo corriendo hacia el mío. ¿Que cuál es el mío? Nueva York, por supuesto.

Cinco
3 de octubre de 2005 – Cambridge (Massachusetts)
Aunque en aquella época yo hubiera llevado
una larga cola de caballo...

En verano, en el área de Boston, hay días tan desagradables que sólo querrías maldecirlo todo. Pero si se aguanta eso, el resto no está nada mal. La gente adinerada se marcha en tromba de veraneo a Vermont o a Cape Cod, así que la ciudad queda desierta y resulta muy cómoda. Las hileras de árboles proyectan nítidamente su fresca sombra sobre los paseos situados a ambos lados del río y los estudiantes de las universidades de Harvard y Boston se afanan en sus entrenamientos de remo sobre la deslumbrante superficie del río. Las chicas extienden las toallas sobre la hierba y toman el sol en sus exiguos bikinis mientras escuchan música en sus *walkman* o sus *ipod*. Los vendedores ambulantes de helados montan los puestos de sus furgonetas. Alguien toca la guitarra y canta una vieja canción de Neil Young. Un perro de largo pelaje persigue un *frisbee* sin apartar ni un instante la mirada de él. Un psiquiatra del partido demócrata (tal vez) conduce junto al río cortando el viento del atardecer en su Saab descapotable de color vino.

Pero pronto llegará el peculiar otoño de Nueva Inglaterra, hermoso y corto, que, con avances y retrocesos, ocupará su lugar. Lenta, muy lentamente, el apabullante y profundo verdor que nos envolvía irá dando paso a un tenue dorado. Y, cuando llega el momento de ponerse el pantalón del chándal encima de los pantalones cortos para correr, las hojas secas caen suavemente agitadas por el viento y resuena el ruido duro y seco de las bellotas al caer sobre el asfalto. Para entonces, las diligentes ardillas corretean ya por todas partes con ojos azorados, dispuestas a hacer acopio de provisiones para el invierno.

Y, en cuanto pasa Halloween, llega callado, conciso y puntual, como un eficaz recaudador de impuestos, el invierno. En un abrir y cerrar de ojos, el río se ha cubierto de una gruesa capa de hielo y los botes de remo desaparecen. Si quisiera, uno podría cruzar hasta la otra orilla caminando. Los árboles han perdido hasta la última de sus hojas y, azotadas por el viento, sus delgadas ramas se golpean entre sí tableteando como huesos secos. En las ramas más altas, se ven los nidos que han construido las ardillas. En su interior, duermen y tal vez sueñen, apacibles. Los hermosos gansos del Canadá vienen en bandadas desde el norte sin ningún temor (sí, al norte existen lugares aún más fríos que éste). El viento que sopla por encima del río es tan frío y punzante como una guadaña recién afilada. Los días se vuelven más cortos y las nubes más gruesas.

Los corredores nos ponemos los guantes, nos calamos el gorro de lana hasta las orejas e incluso nos ponemos pasamontañas. Y, aun así, las puntas de los dedos se nos congelan y los lóbulos de las orejas nos escuecen de frío. Y, si sólo fuera el viento frío, aún sería llevadero. Si te propones aguantarlo, lo logras. Lo mortal son las grandes nevadas. Durante la noche, la nieve acumulada se convierte en gigantescos y resbaladizos bloques de hielo que obstaculizan las calles. Y nosotros nos resignamos a no poder correr y esperamos la llegada de la primavera mientras intentamos mantener la forma física nadando en la piscina cubierta o montando en esas insulsas bicicletas estáticas de gimnasio.

Así es el río Charles. Mucha gente acude a sus orillas. Cada uno lo disfruta a su manera. Unos deambulan tranquilamente, pasean al perro, montan en bicicleta, hacen *footing* o disfrutan del patinaje en línea (para ser franco, no comprendo cómo puede alguien «disfrutar» de algo tan terrorífico...). La gente se reúne en la ribera de este río como atraída por un imán.

Es posible que ver a diario una gran cantidad de agua sea algo crucial, lleno de sentido, para el ser humano. Quizá generalice en exceso pero, al menos para mí, es fundamental. Si estoy una temporada sin ver agua, tengo la sensación de que estoy perdiendo algo poco a poco. Puede que sea una sensación algo similar a la que experimentan los apasionados de la música cuando, por la razón que sea, se ven apartados de ella durante largo tiempo. Seguramente tenga algo que ver con ello el hecho de que yo naciera y me criara a orillas del mar.

La superficie del agua se transforma casi imperceptiblemente día a día; varía el color, la forma de las olas y la velocidad de la corriente. Y las estaciones, no cabe duda, van cambiando el aspecto de los animales y las plantas que viven junto al río. Nubes de diversos tamaños y formas aparecen de no se sabe dónde para desaparecer al instante. Y el río recibe la luz del sol para, unas veces con nitidez, otras de manera difusa, reflejar el ir y venir de su blanca imagen sobre las aguas. Según la estación, la dirección del viento cambia como si alguien hubiera pulsado un interruptor. Por la sensación que el viento produce en nuestra piel, por su olor y su dirección, se perciben claramente las muescas que cada estación deja a su paso. Inmerso en la corriente que acarrea todas estas vivas sensaciones, adquiero conciencia de que este ser que soy yo no es más que una minúscula pieza dentro del inmenso mosaico de la naturaleza. Al igual que el agua del río, no soy más que una mera parte reemplazable de un fenómeno natural que pasa por debajo del puente en dirección al mar.

Al llegar marzo, la dura nieve por fin se derrite, se secan también los molestos barrizales causados por el deshielo, la gente se quita los gruesos abrigos y, para cuando vuelven a acudir a las orillas del Charles (los cerezos de los márgenes florecerán más tarde, en mayo), vuelve también el Maratón de Boston, con esa sensación de que todo está listo.

18 de julio de 1983. Llegada por primera vez a la meta de un maratón, precisamente en la ciudad griega que dio nombre a esta carrera: Maratón. (Fotografía de Masao Kageyama.)

23 de junio de 1996
Ultramaratón de cien kilómetros en el lago Saroma

Kilómetro 97 de la ultramaratón. Atravesando los campos de flores silvestres del parque natural de Wakka Gensei Kaen. (Fotografía de Eizo Matsumura.)

Enfrentándome al tramo más duro, tras cambiarme de ropa en el puesto de descanso del kilómetro 55. (Fotografía de Eizo Matsumura.)

¡Por fin, la meta! Recorrí los 100 kilómetros en un tiempo de 11 horas y 42 minutos. (Fotografía de Eizo Matsumura.)

De 1993 a 1995 viví en Cambridge (Massachusetts), trabajando como profesor asociado en la Universidad de Tufts. (Fotografía de Eizo Matsumura.)

16 de abril de 1995. En las pistas de la Universidad de Tufts. (Fotografía de Eizo Matsumura.)

Los corredores, siempre presentes en los caminos de la ribera del río Charles. (Fotografía de Eizo Matsumura.)

El 18 de abril de 1994 participé en el Maratón de Boston. Puede vérseme en el centro, ligeramente a la izquierda, con indumentaria de color azul oscuro. (Fotografía de Eizo Matsumura.)

En el kilómetro 12, aproximadamente. Corriendo por las largas cuestas de la avenida de Maratón. (Fotografía de Masao Kageyama.)

Descansando en una taberna griega después del maratón. (Fotografía de Masao Kageyama.)

Un día de agosto de 1997, en la vía ciclista de Edogawa (Tokio), siguiendo a mi entrenador.
(Fotografía de Eizo Matsumura.)

28 de septiembre de 1997, día del Triatlón Internacional de la ciudad de Murakami (prefectura de Niigata).
(Fotografía de Eizo Matsumura.)

En el Triatlón Internacional de la ciudad de Murakami, tras la prueba de natación, sujeto a *Dieciocho hasta la muerte* (nombre de mi bicicleta) dispuesto a participar en la competición de ciclismo.
(Fotografía de Eizo Matsumura.)

Todavía estamos a comienzos de octubre. Al correr con camiseta de tirantes se nota de veras el frío. Pero es demasiado pronto para ponerse la camiseta de manga larga. Falta poco más de un mes para la carrera de Nueva York. Ha llegado el momento de ir reduciendo kilometraje y reponerse del cansancio acumulado hasta ahora. Es lo que en inglés se denomina periodo de *tapering*, «disminución progresiva». A partir de este momento, por mucha distancia que recorras, ya no te sirve para la carrera. Es más, puede ser contraproducente.

Al revisar mis anotaciones, compruebo que he venido preparándome para la carrera a un ritmo que no está nada mal:

Junio	260 kilómetros
Julio	310 kilómetros
Agosto	350 kilómetros
Septiembre	300 kilómetros

Las distancias que he recorrido describen una hermosa pirámide. Convertidas a promedios semanales, son de sesenta kilómetros, setenta kilómetros, ochenta kilómetros y setenta kilómetros, en los respectivos meses de junio, julio, agosto y septiembre. Es probable que en octubre corra a un ritmo parecido al de junio, sesenta kilómetros por semana.

Me he comprado unas deportivas Mizuno. Después de probarme varias marcas en el City Sports de Cambridge, elegí unas Mizuno iguales a las que ahora llevo para entrenar. Son bastante ligeras, si bien tienen la almohadilla del talón algo dura. Y, como de costumbre, al principio son un poco incómodas y tengo que hacerlas mías. Pero las zapatillas de este fabricante, como no llevan extraños aderezos, me inspiran confianza. Por supuesto, eso es sólo mi impresión. Cada cual tiene sus gustos. En cierta ocasión, hace tiempo, tuve la oportunidad de hablar con el responsable de ventas de las zapatillas deportivas de Mizuno, al que se le escapó lo siguiente: «Como el diseño de nuestras zapatillas es bastante sobrio, no llaman la atención. No hay duda de su calidad, pero a la imagen le falta algo de tirón...». Entiendo perfectamente a qué se refería. No llevan ningún artilugio novedoso, no siguen las últimas tendencias de la moda, ni se publicitan con un eslogan rimbombante. Así que no atraen mucho la atención del consumidor corriente (si fueran coches, probablemente su imagen sería parecida a la de los Subaru). Pero su suela se aferra al terreno con seguridad, con honestidad, con solidez. Por experiencia, puedo afirmar que son el compañero indispensable en un recorrido de cuarenta y pico kilómetros. Sin embargo, las prestaciones de las zapatillas de ahora han mejorado notablemente, de modo que a partir de cierto precio, elijas la marca que elijas, todas se parecen mucho. Aun así, se aprecian ligeras diferencias en los adornos y aderezos, y los corredores siempre buscamos ese tipo de leves estallidos de consciencia.

Durante el mes que falta para la carrera, voy a ir domando estas nuevas zapatillas para adaptarlas poco a poco a mis pies.

Como todavía no me he quitado de encima el cansancio acumulado a causa de tanto entrenamiento, apenas consigo correr con velocidad. Por la mañana, mientras corro tranquilamente a mi ritmo por la ribera del Charles, me adelantan, una tras otra, unas chicas que parecen estudiantes que acaban de ingresar en Harvard. La mayoría de ellas son bajitas y estilizadas, llevan camisetas de color fucsia con el logotipo de Harvard y colas de caballo rubias, y escuchan música en sus *ipod* nuevos, mientras corren en línea recta cortando el viento. Hay en ello, sin duda, algo de desafiante y de agresivo. Parecen estar acostumbradas a ir adelantando a todo el mundo. Y seguramente no están habituadas a que las adelanten. Salta a la vista que son brillantes, sanas, atractivas, serias y muy seguras de sí mismas. En la mayoría de los casos, su forma de correr no es, se mire como se mire, la idónea para las largas distancias; es propia de corredores de media distancia. Su zancada es larga y tienen un apoyo incisivo y firme. Tal vez correr tranquilamente mientras se contempla el paisaje no encaje con su mentalidad.

En contraste, yo estoy (aunque no me enorgullece decirlo) bastante acostumbrado a perder. Hay en este mundo un montón de cosas que exceden mi capacidad y un montón de adversarios a los que jamás vencería. Pero esas chicas tal vez no conozcan aún ese tipo de dolor. Además, lógicamente, tampoco hace falta que conozcan ahora ese tipo de cosas. Y sobre esto divago mientras contemplo el balanceo de sus pretenciosas colas de caballo y sus beligerantes piernas estilizadas. Y continúo corriendo tranquilamente, a mi ritmo, por la ribera.

¿Existieron en mi vida días tan radiantes como los que viven ellas? Sí, puede que sí hubieran... Pero tengo la impresión de que, aunque en aquella época yo hubiera llevado una larga cola de caballo, su vaivén no habría sido tan pretencioso como el de las suyas. Y mis piernas de entonces tampoco debían de batir el suelo con tanta fuerza como las de ellas. Pero supongo que eso es lo lógico. A fin de cuentas, ellas son brillantes estudiantes de la excelsa Universidad de Harvard.

De todos modos, contemplarlas correr es, en cierto modo, maravilloso. Percibo sencillamente que ésta es la forma en la que el mundo pasa de unas manos a otras. Se parece, en definitiva, a un mensaje que nos envía el mundo. Por eso, que me adelanten una tras otra no me produce rabia alguna. Ellas tienen su ritmo y su tiempo propios. Y yo, mi ritmo y mi tiempo propios. Son completamente distintos y, por mil motivos, es lógico que sea así.

Por las mañanas, en el camino de la ribera y aproximadamente a la misma hora, suelo encontrarme los mismos rostros. Hay una mujer india de pequeña estatura que pasea sola. De facciones distinguidas, rondará los sesenta y siempre va bastante arreglada. Y, curiosamente (aunque tal vez ello no tenga ni una pizca de curioso), cada día lleva un atuendo distinto. Un día va envuelta en un sari impecable y al otro lleva una sudadera grande con el nombre de la Universidad. Pero (si la memoria no me falla) no la he visto repetir la misma ropa ni una sola vez. Comprobar qué ropa llevará hoy se ha convertido ya en uno de mis pequeños divertimentos ligados al *footing* matinal.

También hay un señor que pasea a buen ritmo con un gran artilugio ortopédico negro en su pierna derecha. Es corpulento y de raza blanca. Puede que haya sufrido una grave lesión. Pero lo cierto es que (que yo sepa) lleva ya cuatro meses con ese corrector ortopédico. ¿Qué le habrá pasado en la pierna derecha? De todos modos, no parece tener ningún problema para andar, pues camina a buen ritmo. Pasea por la ribera en silencio y con paso resuelto, mientras escucha música con unos auriculares de gran tamaño.

Ayer corrí mientras escuchaba *Beggars Banquet* de los Rolling Stones. El coro funky que acompaña con su *hoh-hoo* la canción «Sympathy for the Devil» resulta perfecto para correr. La víspera corrí escuchando *Reptile*, de Eric Clapton. A ninguno de los dos se les puede poner ni una sola pega. Te llegan al alma. Nunca me canso de escucharlos. Especialmente *Reptile*, que me he puesto un montón de veces para correr. Si me permiten que les dé mi opinión, les diré que *Reptile* es un álbum ideal para escucharlo mientras uno corre suavemente por la mañana. No es forzado ni artificioso, en absoluto. Su ritmo es siempre definido y su melodía muy natural. Mi consciencia va siendo suavemente atraída por la música y, a su son, mis dos piernas se ven impulsadas rítmica y regularmente hacia delante y hacia atrás, y así sucesivamente. A veces, mezclado con la música que en ese momento fluye por mis auriculares, escucho detrás de mí un grito de «*On your left!*» (¡Por su izquierda!), y una bicicleta de carreras me adelanta a toda velocidad con un ¡ziu! por mi izquierda.

Sin dejar de correr, se me ocurren otras consideraciones sobre el hecho de escribir.

A veces la gente me dice: «Llevando siempre una vida tan saludable como la suya, ¿no le parece que llegará un momento en el que ya no podrá seguir escribiendo novelas?». Cuando estoy en el extranjero, esto no me ocurre casi nunca, pero parece que en Japón hay bastante gente que opina así. Es decir, que escribir novelas es una actividad poco sana y que los escritores tienen que llevar una vida lo más insana posible, bien alejados del orden público y de las buenas costumbres. De este modo, rompen con todo lo mundano y consiguen acercarse a las cosas más puras, que poseen valor artístico. Esta suerte de tópico está muy arraigada en la sociedad. Al parecer, con el paso de los años se ha ido forjando este esquema de «artista = insano (degenerado)». En las películas y en las series de televisión aparece a menudo esta imagen estereotipada (legendaria, si lo digo con propiedad) del escritor.

En líneas generales, estoy de acuerdo con la idea de que escribir novelas es una labor insana. Cuando nos planteamos escribir una novela, es decir, cuando mediante textos elaboramos una historia, liberamos, queramos o no, una especie de toxina que se halla en el origen de la existencia humana y que, de ese modo, aflora al exterior. Y todos los escritores, en mayor o menor medida, deben enfrentarse a esa toxina y, sabedores del peligro que entraña, ir asimilándola y capeándola con la mayor pericia posible. Porque sin la intervención de esa toxina no se puede llevar a cabo una auténtica labor creativa en el sentido verdadero del término (les pido perdón por la extraña metáfora que ahora emplearé, pero puede parecerse al hecho de que la parte más sabrosa del pez globo sea precisamente la más cercana al veneno). Y a eso, se mire por donde se mire, no se le puede llamar una actividad «saludable».

Dicho de otro modo, por su origen, los actos artísticos contienen en sí mismos agentes insanos y antisociales. Admito esto sin paliativos. Precisamente por ello, no son pocos los autores (y en general los artistas) que se degradan en relación a los estándares que marca la vida real o que se envuelven en el hábito de lo antisocial. También esto puedo comprenderlo. O, mejor dicho, son fenómenos innegables.

No obstante, creo que aquellos que aspiran a dedicarse a escribir novelas profesionalmente durante mucho tiempo tienen que ir desarrollando un sistema inmunitario propio que les permita hacer frente a esa peligrosa (a veces incluso letal) toxina que anida en su cuerpo. De esa manera podrá ir procesando, correcta y eficazmente, una toxina cada vez más potente. En otras palabras: podrá ir creando historias cada vez más poderosas. Pero, para poder generar y mantener a largo plazo ese sistema autoinmune, se necesita una cantidad de energía nada despreciable, energía que deberá obtener de alguna parte. ¿Y dónde se obtendrá esa energía, sino en la propia fuerza física de base?

No me gustaría que me malinterpretaran, pues tampoco pretendo decir que ésa sea la única vía correcta para un escritor. Del mismo modo que hay varios tipos de literatura, hay también varios tipos de escritores, cada uno con su propia visión del mundo. Abordan cosas distintas, como también lo son sus objetivos. De ahí que para los novelistas no exista nada calificable como la única manera correcta de hacer las cosas. Es lógico. Pero, si me permiten que les hable de mi caso concreto, les diré que, en mi opinión, el aumento de esa «fuerza física de base» es uno de los elementos indispensables para embarcarse en creaciones de cada vez mayor envergadura y estoy convencido de que se trata de algo que merece la pena (o, cuando menos, de que es mucho mejor llevarlo a cabo que no). Y, aunque sea algo muy trivial, como se dice habitualmente: «Si algo merece la pena, entonces merece poner en ello todo el empeño (e incluso a veces un poco más)».

Para tratar con cosas insanas, las personas tienen que estar lo más sanas posible. Ésa es mi teoría. Lo que es tanto como decir que los espíritus insanos necesitan también, por su parte, cuerpos sanos. Dicho así, puede sonar paradójico. Pero eso es algo que siento vivamente en mi propio cuerpo desde que me convertí en novelista. Y es que lo sano y lo insano no se hallan en polos opuestos. Tampoco se enfrentan entre sí. Se complementan mutuamente y, en algunos casos, pueden contenerse mutuamente de forma natural. A menudo, la gente que tiende a lo sano sólo piensa en lo sano, y la que tiende a lo insano sólo piensa en lo insano. Pero esas inclinaciones extremas impiden que la vida resulte de veras fructífera.

Autores que de jóvenes escribían obras excelsas y bellas, llenas de fuerza, han visto cómo, al llegar a cierta edad, acusaban una intensa extenuación. A esa peculiar forma de fatiga le va como anillo al dedo la calificación de «agotamiento literario». Quizá sus obras sean, como siempre, hermosas. Y aunque quizá su forma de agotarse posea también cierto encanto, es evidente que su energía creativa ha ido decayendo. Supongo que se debe a que la energía física de esos autores ya no es capaz de superar a la toxina con la que lidiaba a diario. La vitalidad física con la que hasta ahora se imponían naturalmente a esa toxina ha tocado techo y ha ido perdiendo su efecto inmunitario. En consecuencia, ahora les resulta muy difícil realizar una labor creativa. Se ha quebrado el equilibrio entre su imaginación y la vitalidad que la sustentaba. Tan sólo les queda utilizar sabiamente los métodos y técnicas que han cultivado hasta ese momento y aprovechar esa suerte de calor residual para, simplemente, ir haciendo ajustes de carácter formal en sus obras. Por decirlo de una manera muy prudente, me temo que sus existencias han tomado un rumbo poco agradable. Hay incluso quienes, llegados a ese punto, deciden poner fin a sus vidas. Otros deciden abandonar por completo la labor creativa y seguir otros derroteros.

A mí, de ser posible, me gustaría no llegar a «consumirme» de ese modo. La literatura en la que yo pienso es algo más espontáneo, más centrípeto, dotado de una energía positiva natural. Para mí, escribir una novela es enfrentarse a escarpadas montañas y escalar paredes de roca para, tras una larga y encarnizada lucha, alcanzar la cima. Superarse a uno mismo o perder: no hay más opciones. Siempre que escribo una novela larga tengo grabada esa imagen en mi mente.

Ni que decir tiene que, en algún momento, uno tiene que perder. Lo queramos o no, nuestro cuerpo se deteriora con el paso del tiempo. Antes o después, es derrotado y se extingue. Y, si el cuerpo se extingue, el alma (seguramente) tampoco tendrá a donde ir. Soy plenamente consciente de ello. Pero me gustaría retrasar, siquiera un poco, la llegada de ese momento (aquel en que mi vitalidad empiece a verse derrotada y superada por la toxina). A eso aspiro como escritor. Además, hoy por hoy, no tengo tiempo de «consumirme». Precisamente por ello, aunque me digan: «Eso no es propio de artistas», yo sigo corriendo.

El 6 de octubre tengo que impartir una charla en el Instituto Tecnológico de Massachusetts, así que hoy corro mientras repaso (para mis adentros, por supuesto) lo que diré. En estos casos, obviamente, no escucho música. Susurro mentalmente en inglés.

Cuando estoy en Japón, apenas tengo ocasión de hablar ante el público. Tampoco imparto conferencias o cosas por el estilo. Sin embargo, en inglés he dado ya varias y, si en adelante tengo oportunidad, tal vez dé alguna más. Les sonará raro, pero, precisamente cuando tengo que hablar delante de la gente, me siento más cómodo haciéndolo en mi (por otra parte bastante limitado) inglés que en japonés. Tal vez se deba a que, cuando intento contar algo coherente en japonés, me invade la sensación de que me ahogo en un mar de palabras. Ante mí se extiende una infinidad de opciones, de posibilidades. Como escritor, mantengo una relación demasiado estrecha con el idioma japonés. Por eso, cuando intento dirigirme en japonés a una pluralidad indeterminada de personas, ese profuso mar de palabras aumenta mi desconcierto y mi frustración.

Cuando se trata del japonés, me gusta aferrarme, en la medida de lo posible, a la tarea de escribir yo solo ante mi mesa. Jugando en el campo propio del lenguaje escrito, puedo atrapar las palabras y su contexto e ir dándoles forma a mi antojo, con cierta libertad y eficacia. A fin de cuentas, ése es mi trabajo. Pero cuando pruebo a formular, en voz alta y delante de las personas, las ideas que yo creía haber capturado de ese modo, tengo la terrible sensación de que algo (algo importante) se me va escapando. Tal vez no me convenza esa especie de distanciamiento. Por otro lado, en la práctica, no suelo aparecer en público principalmente porque, por supuesto, procuro por todos los medios que mi cara no se haga muy conocida (no me gusta que me paren cuando, por ejemplo, voy andando por la calle).

Cuando elaboro un discurso en una lengua extranjera, las opciones y posibilidades lingüísticas de que dispongo se vuelven inevitablemente bastante limitadas (me gusta leer libros en inglés, pero la conversación se me da bastante mal), así que, por contra, me enfrento a la situación con mayor comodidad. A fin de cuentas, no es mi lengua materna. Éste fue un descubrimiento muy interesante. Por supuesto, prepararme me cuesta lo mío. Cuando doy una conferencia, subo al estrado tras haberme aprendido de carrerilla todo el texto, de unos treinta o cuarenta minutos, en inglés. Y es que es imposible conectar con el público si uno se limita a leer, punto por punto, lo que lleva escrito. Hay que elegir palabras fonéticamente fáciles de comprender e incorporar también alguna que otra gracia para que el público se relaje. Tengo que intentar transmitir hábilmente a mis interlocutores los rasgos de mi propio carácter. Para que me escuchen, tengo que lograr ponerlos de mi lado, siquiera sea temporalmente. Y, para ello, ensayo una y otra vez mi dicción. Es laborioso. Pero tiene el atractivo de que me enfrento a algo nuevo.

Correr –tengo esa impresión– ayuda a memorizar discursos y cosas similares. Mientras te desplazas con tus piernas puedes ordenar mentalmente las palabras de un modo casi inconsciente. Sopesas el ritmo del texto y evocas el sonido de las palabras. Si tengo la mente ocupada en todo eso, puedo correr largo rato a una velocidad natural y sin forzar la máquina. Lo malo es que, mientras corres hablando para tus adentros, a veces se te escapa sin querer un gesto o un cambio de expresión que desconcierten al corredor que en ese momento viene hacia ti.

Hoy, mientras corría, me he encontrado un ganso del Canadá, grande y regordete, muerto a orillas del Charles. También había una ardilla muerta al pie de un árbol. Ambos parecían profundamente dormidos. Su expresión tan sólo denotaba una tranquila aceptación del final de la vida. Parecía que, por fin, se hubieran liberado de algo. Más adelante, cerca del cobertizo para embarcaciones que hay en la orilla, un vagabundo, con todas sus prendas de ropa sucias puestas una sobre otra, cantaba a voz en grito «America the Beautiful» mientras empujaba un carrito de supermercado. No he logrado distinguir si lo cantaba de corazón o si lo hacía con una especie de profunda ironía.

Sea como fuere, el calendario señalaba ya octubre. Un mes pasa volando. Y la estación más dura está ya al acecho.

Seis
23 de junio de 1996 – Lago Saroma (Hokkaido)
Ya nadie golpeaba las mesas,
nadie lanzaba los vasos

¿Han probado alguna vez a correr cien kilómetros en un día? A buen seguro, la inmensa mayoría de la gente (tal vez debería decir de la gente que conserva la cordura) no ha pasado nunca por esa experiencia. En principio, los ciudadanos normales y que están en su sano juicio no cometen esa clase de locuras. Yo lo hice una vez. Corrí de la mañana al atardecer hasta completar una carrera de cien kilómetros. El desgaste físico fue tremendo y, tras la carrera, se me quitaron las ganas de correr por una temporada. Por eso creo que no lo repetiré, aunque, claro está, nadie sabe lo que le deparará el futuro. A lo mejor no escarmenté del todo y llega de nuevo el día en que me enfrente a otra ultramaratón. Lo que nos traerá el mañana sólo lo sabremos cuando llegue ese mañana.

De todos modos, cuando ahora pienso en ello, comprendo que esa carrera fue para mí, como corredor, un acontecimiento muy significativo. Cuán significativo puede ser que uno corra cien kilómetros, eso no lo sé. Pero en tanto que «acto que, aunque se aleje mucho de lo cotidiano, no atenta en lo fundamental contra la senda que ha de seguir el hombre», es posible que aporte algún conocimiento peculiar a la conciencia humana. Quizás también añada elementos nuevos a la visión que uno tiene de sí mismo. Y, como resultado, puede que los tonos y las formas del escenario de tu vida se transfiguren. En mayor o menor medida. Para bien o para mal. Pero lo cierto es que, en mi caso, esa transfiguración se produjo.

Lo que viene a continuación es, con algún retoque, lo que bosquejé unos días después de la carrera a fin de que no se me olvidara. Al releerlo diez años después, revivo con nitidez lo que sentí y pensé mientras corría en aquella ocasión. Espero que ustedes se hagan una idea aproximada de las cosas (unas de las que alegrarse y otras ya no tanto) que aquella despiadada carrera dejó en mi interior. Pero tampoco me extrañaría que, al llegar al final, sólo me digan que no han entendido ni jota.

*

La ultramaratón de cien kilómetros del lago Saroma se celebra cada año, en el mes de junio, en Hokkaido, donde no hay *tsuyu*.* El inicio del verano es una época muy agradable en Hokkaido, pero a la zona norte, en la que se encuentra el lago Saroma, el verdadero verano todavía tarda bastante en llegar. A primera hora de la mañana, cuando se da la salida de la carre-

---

* *Tsuyu*: temporada de lluvias a principios de verano. *(N. del T.)*

ra, hace mucho frío, y hay que abrigarse bien. Cuando el sol asciende y el cuerpo empieza a entrar en calor, los corredores, como insectos en plena metamorfosis, se van despojando una por una de las prendas que llevan puestas y las van abandonando tras de sí. Los guantes no te los puedes quitar hasta el final, y en camiseta de tirantes sientes algo de frío. Si hubiera llovido, sin duda habríamos pasado bastante frío. Pero por fortuna, aunque el cielo estaba completamente encapotado, no cayó ni una sola gota en todo el día.

Los corredores rodean el lago Saroma, que va a dar al mar de Ojotsk. Cuando uno prueba a correr alrededor de este lago, enseguida se da cuenta de que es inmenso. La salida se toma al oeste del lago, en la localidad de Yūbetsu, y la meta está al este, en Tokoro (actual ciudad de Kitami). En el tramo final (del kilómetro ochenta y cinco al noventa y ocho), se atraviesa el parque natural de Wakka Gensei Kaen, una vasta extensión de campos de flores silvestres, estrecha y alargada, situada frente al mar. Es un recorrido (en el hipotético caso de que uno pueda entregarse a la contemplación del paisaje) muy hermoso. Durante la carrera no restringen el tráfico ni se toman otras medidas, pero el trayecto no suele estar muy concurrido y apenas hay coches. En las inmediaciones del camino, las vacas rumian, apacibles, sin mostrar interés por los corredores. Ocupadas en pacer por el campo, no parecen querer perder ni un minuto de su tiempo en prestar atención a las actividades, del todo carentes de sentido, que llevan a cabo esos curiosos humanos. Por nuestra parte, los corredores tampoco tenemos tiempo de prestar atención a las evoluciones de las vacas. A partir del kilómetro cuarenta y dos, hay puestos de control cada diez kilómetros y, si no pasas por ellos dentro de los tiempos establecidos, quedas automáticamente descalificado. Cada año descalifican a un montón de corredores. En esta competición son muy estrictos. Yo me he desplazado hasta el extremo más septentrional de todo Japón sólo para correr, y no me haría ninguna gracia que me descalificaran a mitad de carrera. Pase lo que pase, al menos tengo que ir superando los tiempos límite.

Esta carrera, una de las ultramaratones pioneras en Japón, la organiza la gente del lugar, con sus propios medios, de un modo extremadamente eficiente y funcional. Participar en este evento es, en verdad, muy gratificante y agradable.

Sobre el trayecto que va desde la salida hasta el puesto de descanso *(rest station)* del kilómetro cincuenta y cinco, no hay gran cosa que contar. Simplemente, me limité a correr en silencio. Se pareció, a grandes rasgos, al *footing* de larga distancia de un domingo por la mañana. Manteniendo un ritmo medio de trote de seis minutos el kilómetro, cien kilómetros se pueden recorrer en unas diez horas. Añadiendo los tiempos de descanso y los de las comidas, pensaba que, entre una cosa y otra, podría despacharlo en menos de once horas (después descubriría que eso era prometérmelas muy felices).

Al llegar al kilómetro cuarenta y dos hay una señal que dice: «LA DISTANCIA HASTA AQUÍ ES LA DE UN MARATÓN». Y una línea blanca trazada en el asfalto lo indica. Debo decir, exagerando un poco, que cuando crucé esa línea sentí un leve escalofrío. Era la primera vez en mi vida que corría una distancia superior a los cuarenta y dos kilómetros. O sea, que aquello era mi «estrecho de Gibraltar». A partir de ahí, salía a navegar a un mar abierto y desconocido. De lo que se extendía más allá, de los ignotos seres que lo habitaban, no tenía ni la más remota idea. Salvando las distancias, me atenazaba el mismo temor que en su día debieron de sentir los marineros de antaño.

Superada esa línea, alrededor del kilómetro cincuenta tuve la sensación de que algo le ocurría a mi cuerpo. Era como si los músculos de las piernas empezaran a agarrotárseme. Me entró hambre y también sed. Me había propuesto beber un poco de agua, aunque no tuviera sed, cada vez que llegara a un puesto de avituallamiento; aun así, la sed me perseguía como un destino fatídico, como una Reina de la Noche de oscuro corazón. Y una leve inquietud cruzó por mi mente: si no había llegado siquiera a la mitad y ya iba así, ¿aguantaría los cien kilómetros?

En el puesto de descanso del kilómetro cincuenta y cinco me cambié de ropa y me comí el pequeño refrigerio que me había preparado mi mujer. Como el sol había subido, al igual que la temperatura, me quité las mallas hasta medio muslo que llevaba, y me puse una camiseta y un pantalón más ligeros. También me cambié las zapatillas especiales para ultramaratón New Balance (créanme si les digo que en nuestro mundo existen estas cosas) de la talla ocho por unas de la talla ocho y medio. Cuando los pies comienzan a hincharse, necesitas una talla más de calzado. Como estaba completamente nublado y no lucía el sol, decidí quitarme la gorra que llevaba para protegerme de él. La gorra también sirve para evitar que la cabeza se te hiele si llueve, pero por el momento no había indicios de que fuera a llover. No hacía ni mucho frío ni mucho calor: unas condiciones perfectas para una carrera de larga distancia. Deslicé por mi garganta dos geles nutritivos, ingerí líquido y comí galletas y pan con mantequilla. Estiré bien los músculos sobre la hierba y me apliqué espray antiinflamatorio en las pantorrillas. Luego me lavé la cabeza, me quité el polvo y el sudor, pasé por el lavabo y listo.

Con todo esto descansé unos diez minutos, pero no me senté ni una sola vez. Tenía la sensación de que, si me sentaba, me costaría mucho volver a ponerme de pie y seguir corriendo. Así que, precavido, no me senté.

–¿Se encuentra bien? –me preguntó alguien.

–Claro –respondí, conciso. No podía responder nada más.

Bebí agua, hice unos estiramientos de cintura para abajo, salí de nuevo al camino y me lancé a correr. Quedaban cuarenta y cinco kilómetros. Sólo había que correr hasta la meta. Pero, nada más salir, me di cuenta de que no estaba en condiciones de correr como Dios manda. Los músculos de las piernas se me habían quedado rígidos, como cuando se endurece una goma vieja. Todavía me quedaban energías. Y mi respiración no se había alterado. Sólo las piernas no me respondían. Pese a mi firme intención de seguir corriendo, ellas parecían ir por libre y disponer de una voluntad propia, una pizca distinta de la mía.

Así las cosas, no me quedó más remedio que ignorar a esas piernas que ya no me obedecían e intentar centrar mi esfuerzo en la mitad superior de mi cuerpo. Balanceé el torso, moviendo ampliamente los brazos, para transmitir ese impulso a la mitad inferior de mi cuerpo. Aproveché ese impulso para ir empujando mis piernas hacia delante (debido a lo cual, al acabar la carrera tenía las muñecas completamente hinchadas). Y, por supuesto, sólo podía correr lenta y dificultosamente. Mi velocidad no distaba mucho de la de alguien que caminara a buen paso. Pero poco a poco, muy poco a poco, mientras hacía eso, los músculos de mis piernas comenzaron a recuperar su movilidad, como si la hubieran recordado, o, tal vez, como si se hubieran resignado a tener que correr de nuevo, y pude seguir corriendo con casi total normalidad.

Menos mal.

Sin embargo, aunque las piernas me respondían bien, desde el puesto de descanso del kilómetro cincuenta y cinco hasta el kilómetro setenta y cinco lo pasé terriblemente mal. Me sentía como la carne de ternera pasando a través de una lenta máquina de triturar. Tenía ganas de seguir avanzando, pero mi cuerpo me ignoraba. Semejaba un coche que subiera una cuesta con el freno de mano echado. Mi cuerpo estaba absolutamente desarbolado y parecía que de un momento a otro se iba a descomponer en pedazos. Iba sin aceite, con los tornillos sueltos y los engranajes desajustados. Mi velocidad disminuyó de golpe y me adelantaron, uno tras otro, muchos corredores. Entre ellos, una anciana corredora, bajita, que tendría unos setenta años. «¡Ánimo!», me dijo al pasar a mi lado. Estábamos apañados... ¿Y qué ocurriría a continuación? Todavía me quedaban nada menos que cuarenta kilómetros...

Una tras otra, todas las partes de mi cuerpo empezaron a dolerme. Primero me dolió un rato el muslo derecho, luego el dolor bajó de allí a la rodilla derecha, de ésta pasó al abductor izquierdo... y así, sucesivamente, todas y cada una de las partes de mi cuerpo se alzaron y se quejaron en voz alta. Gritaron, se lamentaron, denunciaron su angustiosa situación y me amonestaron. Correr cien kilómetros era una experiencia desconocida también para ellas, así que cada una tenía sus motivos de queja. Lo comprendí. Pero, por el momento, no teníamos más remedio que aguantar y seguir corriendo en silencio. Tuve que ir convenciendo una por una a todas las partes de mi cuerpo, cual Danton o Robespierre disuadiendo con su elocuencia a una asamblea revolucionaria radical que, profundamente descontenta, empieza a sublevarse. Las exhorté, supliqué, espoleé, regañé y animé: que si ya faltaba poco, que si ahora tocaba aguantar y echar el resto... Pero, bien mirado (pensé), lo cierto es que, al final, a esos dos acabaron cortándoles el cuello.

Sea como sea, apreté los dientes y recorrí como pude esos veinte kilómetros llenos de penurias. Eso sí, tuve que echar mano a todo mi repertorio de recursos.

«No soy un humano. Soy una pura máquina. Y, como tal, no tengo que sentir nada. Simplemente, avanzo.» Así me convencía a mí mismo. Aguanté sin pensar apenas en nada más. Si hubiera pensado que era un ser humano vivo, de carne y hueso, posiblemente el dolor me habría hundido a medio camino. Ciertamente, allí estaba mi ser. Y también estaba la conciencia de mí mismo, que es inherente a él. Pero, en ese momento, yo me esforzaba por pensar que esas cosas no eran más que, por así decirlo, meras «formalidades de conveniencia». Era una extraña forma de pensar, una sensación rara. Y es que allí había un ser con consciencia intentando negar esa consciencia. En cualquier caso, lo que tenía que hacer era trasladarme a mí mismo a un espacio que tuviera algo, aunque sólo fuera un poco, de inorgánico. Mi instinto me decía que ésa era la única vía para poder sobrevivir.

«No soy un humano. Soy una pura máquina. Y, como tal, no tengo que sentir nada. Simplemente, avanzo.» Repetí esas frases en mi cabeza una y otra vez como si fueran un mantra. Las repetí maquinalmente, en el sentido más literal del término. Y me esforcé en aislarme y en reducir todo lo posible el mundo que percibía en esos momentos. Lo único que yo veía eran, a lo sumo, los tres metros de terreno que tenía por delante. Más allá no había nada. Mi mundo se acababa en esos tres metros. No necesitaba pensar en lo que habría tras ellos. El cielo, el viento, la hierba, las vacas paciendo, el público, las voces de ánimo, el lago, las novelas, la verdad, el pasado, la memoria..., todas esas cosas nada tenían que ver conmigo. Llevar mis pasos tres metros más hacia delante: ése era el único sentido de mi humilde existencia en tanto que ser humano, mejor dicho, en tanto que máquina.

Me detenía a beber agua en los puestos de avituallamiento situados cada cinco kilómetros. Y, en cada ocasión, estiraba con cuidado los músculos. Los tenía rígidos y duros como el pan de un *catering* de la semana anterior. No parecían mis músculos. En los lugares en los que ofrecían *umeboshi,* me las comía. Me sorprendió lo deliciosas que sabían. Su sal y su acidez se expandían dentro de mi boca y se extendían poco a poco por el resto de mi cuerpo.

Tal vez hubiera sido más sensato caminar que seguir corriendo de manera tan forzada. Muchos corredores lo hacían. Caminaban para que sus piernas descansaran. Pero yo nunca caminé. Me tomé mis descansos para hacer bien los estiramientos. Pero no caminé. No me había inscrito en esa carrera para caminar; en absoluto. Lo había hecho para correr. Para eso, sólo para eso, me había desplazado en avión hasta el extremo más septentrional de Japón. Así que, antes que caminar, correr muy lentamente. Ésa era la norma. Contravenir, aunque sólo fuera una vez, la norma que yo mismo me había fijado podría significar contravenir en adelante muchas más y, en ese caso, sería sin duda muy difícil acabar esta carrera.

Continué corriendo así, como podía, aguantando lo indecible, y, al llegar al kilómetro setenta y cinco, sentí como si hubiera atravesado algo. Esa sensación tuve. No se me ocurre una expresión más adecuada para describirla: atravesé algo. Era realmente como si mi cuerpo hubiera atravesado una pared de piedra y pasado al otro lado. No recuerdo el momento exacto en que ocurrió. Pero, cuando quise darme cuenta, ya estaba al otro lado. Me dije: «Ah, ya lo he atravesado», y, sin más, me convencí de ello. No comprendía las razones, ni el proceso, ni el método, pero estaba convencido de que había «atravesado algo».

A partir de ahí, ya no necesité pensar en nada. Para ser más preciso, ya no necesité hacer el esfuerzo consciente de «intentar no pensar en nada». Bastaba con abandonarme a esa corriente que había surgido, a esa fuerza que, del modo más natural del mundo, me impulsaba hacia delante.

Llevaba corriendo muchísimo tiempo, así que era imposible no sufrir físicamente. Pero, en esos momentos, el cansancio había dejado de ser un problema grave. Tal vez, en mi interior, la extenuación ya se había integrado en la –por llamarla de algún modo– «normalidad». Por su parte, esa asamblea revolucionaria de los músculos, que antes hervía, también parecía haberse resignado a la situación. Ya nadie golpeaba las mesas, nadie lanzaba los vasos. Sencillamente, habían aceptado en silencio la extenuación como una fatalidad, como un inevitable efecto de la revolución. Y yo me había transformado en una especie de autómata que no hacía más que mover regularmente los brazos adelante y atrás e impulsar las piernas para avanzar paso a paso. Sin pensar en nada. Sin creer nada. Sin apenas darme cuenta, incluso la sombra del sufrimiento físico se había desvanecido casi por completo. O bien, como ocurre con ese mueble horrible que, por la razón que sea, no podemos tirar, lo había arrinconado para situarlo fuera de mi vista.

De este modo, después de haber «atravesado» ese algo, adelanté a muchos corredores. A partir del puesto de control del kilómetro setenta y cinco (por el que había que pasar en menos de ocho horas y cuarenta y cinco minutos, so pena de ser descalificado), muchos corredores, al contrario de lo que entonces me sucedía a mí, comenzaban a disminuir drásticamente la velocidad debido al agotamiento, o incluso renunciaban a correr y empezaban a caminar. Creo que, desde allí hasta la entrada en meta, rebasé a unos doscientos. Yo, al menos, conté hasta doscientos. A mí me rebasaron uno o dos. Y con respecto a lo de contar a los corredores a los que adelantaba, lo hice porque no tenía otra cosa mejor que hacer. Después de sumirme en una profunda extenuación, y después de aceptarla, yo seguía corriendo con firmeza..., y eso era lo que más deseaba en este mundo, lo que deseaba por encima de todo.

Parecía que hubiera puesto el piloto automático,

de modo que, si me hubieran dicho que continuara corriendo así más tiempo, creo que habría podido superar los cien kilómetros. Lo encontrarán extraño, pero, al final, prácticamente se habían borrado de mi mente no sólo el sufrimiento físico, sino incluso cosas como quién era yo o qué hacía en esos instantes. Sin duda era una sensación muy extraña, pero en esos momentos yo ya no era capaz siquiera de percibir hasta qué punto era extraña. El acto de correr se hallaba ya en un ámbito que rozaba casi lo metafísico. Primero estaba el acto de correr y luego, como algo inherente a él, mi existencia. Corro, luego existo.

Cuando me acerco al final de un maratón, sólo pienso en llegar a la meta y en acabar cuanto antes la carrera. No puedo pensar en nada más. Pero esa vez no pensé en eso ni por un instante. Sentía que el fin era sólo la culminación de una etapa, algo sin excesivo sentido. Era como el vivir. La existencia no tiene sentido porque tenga un fin. Tenía la impresión de que el fin había sido establecido provisionalmente en un punto determinado, bien para enfatizar, por razones de conveniencia, el sentido de la existencia, bien como una eufemística metáfora de lo limitado de ésta. Es una idea bastante filosófica, pero yo entonces no pensé ni por un momento que lo fuera. Simplemente lo percibí de un modo, por decirlo así, global, no mediante las palabras, sino mediante la sensación que en esos momentos recorría mi cuerpo.

Tras entrar en la larguísima península de campos de flores silvestres que describía la última parte del recorrido, esta sensación se intensificó. Había alcanzado un estado similar al de la meditación. El paisaje marino era muy hermoso y hasta mí llegaba el aroma del mar de Ojotsk. Ya había comenzado a atardecer (habíamos salido a primera hora de la mañana) y el aire poseía una transparencia especial. Los herbazales del inicio del verano también dejaban sentir su olor. Algunos zorros se agrupaban en la pradera y miraban con curiosidad a los corredores. Gruesas nubes llenas de significado, como las que aparecen en los paisajes ingleses del siglo XIX, cubrían el cielo. No soplaba la menor brisa. A mi alrededor, muchos corredores se limitaban simplemente a encaminar sus pasos hacia la meta en silencio. Y, en medio de todo aquello, experimenté una sensación de serena e inmensa felicidad. Inspiraba y espiraba. No percibía alteración alguna en el sonido de mi respiración. El aire entraba serenamente en mi interior y volvía a salir. Mi silencioso corazón se contraía y se dilataba a un ritmo constante. Mis pulmones iban suministrando oxígeno nuevo a mi cuerpo con diligencia, como dos laboriosos fuelles. Yo los veía trabajando y podía captar el sonido que emitían. Todo funcionaba sin problemas. La gente apostada al borde del camino nos alentaba a grandes voces: «¡Ánimo, que ya falta poco!». Esas voces pasaban simplemente a través de mi cuerpo como transparente viento. Y yo podía sentir cómo llegaban hasta el otro lado.

Yo era yo y no lo era. Ésa era mi impresión. Una sensación muy apacible y silenciosa. La consciencia no era algo tan importante, me dije. Por supuesto, yo era novelista, así que para mí la consciencia era imprescindible. Una historia no puede surgir de algo que no posea consciencia. Pese a todo, no podía evitar pensar de ese modo: la consciencia tampoco era algo tan importante.

De todos modos, cuando crucé la meta de Tokoro me sentí inmensamente feliz. Por supuesto, alcanzar la meta tras una carrera de larga distancia siempre te hace sentir feliz, pero en esta ocasión sentí de veras que mi pecho se henchía de emoción. Alcé mi puño derecho al aire. Eran las cuatro horas y cuarenta y dos minutos de la tarde. Habían transcurrido once horas y cuarenta y dos minutos desde la salida.

Por fin, después de medio día sin poder hacerlo, me senté en el suelo, me sequé el sudor con una toalla, bebí toda el agua que quise, me desaté los cordones de las zapatillas y, mientras caía lentamente la tarde, estiré a conciencia mis talones. No llegaba a ser orgullo, pero cierta sensación de éxito fue extendiéndose por mi pecho como si en ese momento, por fin, la hubiera recordado. Eran la alegría y el alivio de saber que todavía quedaban dentro de mí fuerzas suficientes para asumir voluntariamente situaciones de riesgo e ir capeándolas. Era el alivio. Y quizás el sentimiento de alivio era más intenso que el de alegría. Sentía como si poco a poco se deshiciera una especie de nudo que tenía fuertemente atado dentro de mí. Y ni siquiera me había dado cuenta de que en mi interior existía tal cosa.

*

Días después de la carrera del lago Saroma, tenía que bajar las escaleras muy poco a poco y aferrándome al pasamanos. Las piernas me flojeaban y no me sostenían bien. Pero el cansancio de las piernas se me pasó en unos días y pronto pude volver a subir y bajar escaleras como siempre. Al fin y al cabo, llevaban muchos años adaptándose y entrenando para poder correr largas distancias. El problema se presentó, como he apuntado antes, en las manos. Seguramente había balanceado demasiado los brazos al intentar combatir el cansancio muscular de las piernas. Al día siguiente, tenía la muñeca derecha roja e hinchada, y me dolía horrores. Llevaba mucho tiempo corriendo maratones y era la primera vez que el problema me había surgido en las manos, no en las piernas.

De todas las cosas que comportó para mí la experiencia de la ultramaratón, sin embargo, la más significativa no fue de carácter físico, sino espiritual. Me trajo una suerte de apatía espiritual. De pronto, algo que podría denominarse la «tristeza del corredor», el *runner's blue* (aunque se acercaba más a un blanco turbio que al azul), me envolvía como una fina película. Terminada la carrera, se enfrió esa pasión que antes sentía por el acto de correr en sí. Por supuesto, influía también el hecho de que me estaba costando bastante recuperarme del cansancio físico que me había generado, pero no era sólo eso. Ya no conseguía localizar en mi interior tan claramente como antes el entusiasmo por «querer correr». No sé por qué. Pero no podía negarlo. Algo había ocurrido en mi interior. Tanto la frecuencia como las distancias de mi *footing* diario se habían reducido en gran medida.

Después, seguí corriendo como antes un maratón cada año. Y ni que decir tiene que no se puede acabar un maratón si no tienes excesivas ganas. Por eso me preparé con cierta seriedad y conseguí terminar esas carreras con cierta seriedad. Pero, en definitiva, nunca conseguí pasar de ese «con cierta». Algo muy extraño se había asentado en lo más profundo de mi ser. No era simplemente que hubiera perdido el entusiasmo por correr. Había perdido algo, pero, al mismo tiempo, algo nuevo había brotado en mi interior de corredor. Y tal vez ese proceso me había provocado esa inhabitual «tristeza del corredor».

¿Qué había brotado en mi interior? No encuentro una palabra que lo defina de manera precisa, pero tal vez se aproxime a «resignación». Por decirlo de un modo un tanto exagerado, se diría que, al tomar parte en esa carrera de cien kilómetros, había hollado «un terreno algo distinto». El proceso de vaciado de consciencia que viví cuando, a partir del kilómetro setenta y cinco, mi sensación de fatiga se esfumó no sé adónde, tenía cierto regusto filosófico, incluso religioso. Algo en él parecía forzarme a la introspección. Quizá debido a eso había perdido aquel sencillo y positivo interés en correr «a toda costa».

O no. Tal vez, en realidad, no fuera algo tan irracional. Tal vez, para decirlo en pocas palabras, me había hartado un poco de correr. Había corrido ya demasiadas distancias y durante mucho tiempo. O puede que, superada la segunda mitad de la cuarentena, me estuviera topando, en el terreno físico, con la insoslayable barrera de los años. Tal vez volví a sentir que había rebasado el momento de mi máxima capacidad física. O quizás estuviera pasando (sin saberlo muy bien) por una etapa de decaimiento anímico derivado de una especie de andropausia generalizada. Aunque también podía ser que todos esos factores se hubieran mezclado para dar lugar a un negativo cóctel de efectos impredecibles. Yo, que soy parte interesada en este asunto, no puedo diseccionar ni analizar objetivamente todos estos aspectos. Pero, sea como sea, yo lo llamo la «tristeza del corredor».

Acabar la ultramaratón me llenó, obviamente, de alegría y me infundió cierta confianza en mí mismo. Incluso ahora me alegro de haberla corrido. Pero me dejó también algo que podríamos llamar «secuelas». Tras ella, sufrí un prolongado bajón como corredor de fondo (aunque mi pasado tampoco fuera tan brillante como para llamarlo así). Mis tiempos en los maratones cayeron gradualmente. Tanto los entrenamientos como las carreras se habían convertido, con pequeñas diferencias, en meras repeticiones rituales de lo mismo. Ya no me entusiasmaban como antes. Y hasta la aguja de mi indicador de adrenalina parecía marcar también una raya por debajo los días en que participaba en una carrera. Tal vez influyera el hecho de que mi interés se centrara ahora en el triatlón y que hubiera vuelto a frecuentar el gimnasio para jugar apasionadamente al squash. Por todo ello, también mi estilo de vida cambió poco a poco. Empecé a pensar que la vida no era sólo correr (algo, por lo demás, evidente). En definitiva, de un modo semiinconsciente, empecé a poner algo de distancia entre «el correr» y yo. Como la que se pone frente a ese amor que ya ha perdido la irracional pasión que domina en los inicios.

Y ahora siento como si, por fin, empezara a salir de esa bruma que es la «tristeza del corredor» y que tanto tiempo ha durado. Todavía no la he atravesado del todo, pero percibo indicios de que algo nuevo se está gestando. Cuando por las mañanas me calzo las zapatillas para salir a correr, noto sus leves movimientos embrionarios. Ha empezado a moverse, sin duda, tanto a mi alrededor como dentro de mí. Me gustaría cultivar cuidadosamente esos pequeños brotes. Me concentro en mi cuerpo para que no se me escape ningún sonido, ninguna escena, y para no perder el rumbo.

Y ahora, con una frescura y una naturalidad que no sentía desde tiempo atrás, me preparo día a día para correr el siguiente maratón. He abierto un cuaderno nuevo, he destapado mi nuevo frasco de tinta y me dispongo a escribir nuevas palabras. Todavía no me siento capaz de explicar coherentemente cómo recobré esa sensación de desahogo. Puede que mi vuelta a Cambridge y a la ribera del Charles haya resucitado en mí las sensaciones de antaño. Tal vez los recuerdos de aquellos días en que disfrutaba corriendo despreocupadamente hayan regresado junto con esas imágenes nostálgicas. O tal vez no. Puede que sólo se tratara de una simple cuestión cronológica. Tal vez, sin ir más lejos, se fraguara en mi interior una especie de inevitable ajuste temporal y el tiempo que necesitaba hubiera concluido.

Ya lo he dicho antes, pero yo, como debe de ocurrirles a la mayoría de los que se dedican a escribir, pienso cosas mientras escribo. No es que ponga por escrito lo que pienso, sino que pienso mientras elaboro textos. Doy forma a mis pensamientos mediante la labor de escritura. Y, al revisar los textos, profundizo en mis reflexiones. Por supuesto, a veces, por muchos textos que redacte, no consigo llegar a una conclusión, y a veces, por mucho que los revise, no consigo alcanzar mi objetivo. Como, por ejemplo, ocurre en este instante. En estas ocasiones, sólo puedo aventurar algunas hipótesis, o ir parafraseando, una tras otra, mis propias dudas. O intento establecer una analogía entre la estructura de esas dudas y la de otras cosas.

Para ser franco, tampoco yo sé muy bien qué provocó mi «tristeza del corredor». No entiendo en qué circunstancias ni por qué razones surgió, y tampoco en qué circunstancias ni por qué motivos ahora se va debilitando y desapareciendo. Creo que todavía no soy capaz de explicarlo bien. En última instancia, tal vez sólo pueda afirmarse una cosa: que quizá la vida sea así. Y que quizá no nos quede otra opción que aceptarla sin más, tal cual, sin buscar circunstancias ni motivos. Como los impuestos, las subidas o bajadas de las mareas, la muerte de John Lennon o los errores arbitrales en el Mundial de Fútbol.

Sea como fuere, el caso es que, en lo más hondo de mí mismo, tengo la sensación de que ha finalizado un periodo, de que se ha completado un ciclo. El acto de correr se ha reincorporado a mi vida y constituye una parte placentera e indispensable de mi cotidianidad. Y ya llevo corriendo así más de cuatro meses, a diario y con denuedo. Ya no se trata de una simple repetición mecánica. Tampoco de un ritual preestablecido. Es mi cuerpo el que me insta espontáneamente a salir a correr. Igual que un cuerpo sediento demanda fruta fresca y llena de jugo que lo hidrate. Tengo ganas de saber hasta qué punto correré convencido y a gusto el próximo 6 de noviembre en Nueva York.

Los tiempos no me preocupan. A estas alturas, estoy seguro de que, por mucho que me esfuerce, ya no conseguiré correr como antaño, cosa que aceptaré sin reparos. No me resulta agradable, pero es lo que tiene envejecer. Del mismo modo que yo desempeño mi papel, el tiempo desempeña el suyo. Y éste lo hace con mucha mayor fidelidad y precisión que yo. A fin de cuentas, el tiempo ha venido avanzando sin descanso desde el momento mismo de su aparición (que, por cierto, me pregunto cuándo se produjo). Y, a quienes tienen la suerte de librarse de morir jóvenes, se les privilegia con el preciado derecho de ir envejeciendo. Les aguarda el honor de su progresiva decadencia física. Hay que aceptar este hecho y acostumbrarse a él.

Lo importante no es competir contra el tiempo. Es posible que, en adelante, para mí tenga mucho más sentido saber con cuánta satisfacción correré esos cuarenta y dos kilómetros y hasta qué punto disfrutaré. Probablemente tenga que empezar a valorar y a disfrutar de las cosas que no se expresan en cifras. Y, muy probablemente, tenga que buscar a tientas una forma de orgullo ligeramente distinta de la que he sentido hasta ahora.

No soy ni un joven que sólo piensa en desafiar récords ni una máquina inorgánica. Sólo soy un escritor que, consciente de sus limitaciones, intenta prolongar un poco más, aunque sólo sea un poco, sus habilidades y su vitalidad.

Y sólo falta un mes para el Maratón de Nueva York.

Siete
30 de octubre de 2005 – Cambridge (Massachusetts)
Otoño en Nueva York

Como en señal de duelo por la inesperada eliminación en las series locales de los Boston Red Sox (que no ganaron ni un solo partido contra los Chicago White Sox en el «derbi entre los Sox»), una fría lluvia cayó en la región de Nueva Inglaterra durante los diez días inmediatamente posteriores a la eliminatoria. Era la prolongada lluvia característica de principios de otoño. Arreciaba, amainaba y, a veces, incluso, como si se acordara de que debía parar en algún momento, cesaba, pero nunca, ni por un instante, llegó a despejar del todo. El cielo estuvo permanentemente cubierto por las gruesas y plomizas nubes tan habituales en esta región. Llovió sin descanso, perezosa y parsimoniosamente, como esas personas dubitativas que no acaban nunca de tomar una determinación, hasta que al final la lluvia se decidió y se transformó en una tromba de agua. De New Hampshire a Massachusetts, muchas localidades resultaron afectadas por las inundaciones, y las principales vías de comunicación quedaron cortadas en varios tramos (si bien tampoco pretendo que la responsabilidad moral de los Red Sox llegue tan lejos).

Casualmente, por esa época tuve que desplazarme por el norte de Nueva Inglaterra para visitar, por cuestiones de trabajo, una universidad de Maine, y lo único que recuerdo de ese día es que conduje de principio a fin a través de aquel sombrío aguacero. Salvo en pleno invierno, viajar por esa zona siempre resulta placentero, pero, en aquella ocasión, lamentablemente no lo fue. Era demasiado tarde para el verano y demasiado pronto para la colorida estación otoñal. Llovía a mares y, para colmo, el limpiaparabrisas del coche que había alquilado no funcionaba del todo bien. Regresé a Cambridge a medianoche y reventado de cansancio.

El domingo 9 de octubre, a primera hora de la mañana, participé en una carrera. Como era de prever, también llovía. Era la media maratón que organiza cada año en otoño la Boston Athletic Association (BBA), la misma entidad que organiza el Maratón de Boston de primavera. La carrera parte del estadio Roberto Clemente, próximo al campo de béisbol de Fenway, y pasa por el Jamaica Pond para dar la vuelta en el Parque Zoológico Franklin y retornar al punto de partida, donde se encuentra la meta. Este año participaron cuatro mil quinientos corredores.

Me inscribí en esta carrera con la idea de que me sirviera de preparación para el Maratón de Nueva York, por lo que corrí más o menos al ochenta por ciento de mi capacidad y sólo apreté algo en los últimos tres kilómetros. No es fácil correr «moderadamente», intentando refrenarse. Rodeado por todos los demás corredores, aunque te digas que no vas a hacerlo, al final no puedes evitar forzar algo la máquina. Salir todos juntos tras el «¿Listos? ¡Ya!» es francamente divertido y, quieras que no, el instinto guerrero aflora. Pero yo intenté contenerme y mantener la sangre fría: las fuerzas de verdad tenía que subirlas al avión y llevármelas para Nueva York.

Hice un tiempo de una hora y cincuenta y cinco minutos. Más o menos lo que calculaba. En los últimos kilómetros pisé algo el acelerador, adelanté a más de cien corredores, y al llegar a la meta aún me sobraban fuerzas. Fue un domingo algo frío, y en ningún momento dejó de caer una llovizna fina como la niebla, pero, al correr, con el dorsal en la camiseta y escuchando la respiración de los demás corredores a mi alrededor, sentí que había llegado de nuevo la estación de las carreras. La adrenalina se extendía por cada rincón de mi cuerpo. Como suelo correr a solas y en silencio, ese ambiente siempre me estimula. Además, este evento me sirvió para estudiar, a grandes rasgos, el paso que debía mantener durante la primera mitad de la carrera de Nueva York. Ni que decir tiene que lo que ocurra en la segunda mitad sólo lo sabré llegado el momento.

Dado que en mis entrenamientos suelo correr periódicamente distancias parecidas a las de una media maratón, y a veces incluso mayores, la verdad es que, al acabar, sentí cierta decepción. Me quedé como preguntándome: «¿Cómo? ¿Y esto es todo?». Claro que si hubiera acabado derrengado tras correr media maratón a un ritmo moderado, ni me plantearía correr una entera, pues sería un auténtico infierno, y aun así... Casi todas las personas que corrían a mi alrededor eran blancas. Sobre todo mujeres. No sé por qué, pero apenas se veían corredores de minorías étnicas.

La lluvia ha seguido cayendo intermitentemente durante varias semanas y, por motivos de trabajo, he tenido que hacer algunos pequeños viajes, así que durante una temporada no he podido correr como me habría gustado. Pero el Maratón de Nueva York se aproxima, así que lo de no poder correr tampoco es un problema en sí. Al contrario, me permite recuperarme y descansar como es debido. Y es que, aunque soy consciente de que lo mejor para recuperarse bien es descansar, cuando se acerca una carrera empiezo a entusiasmarme y, sin darme cuenta, ya estoy corriendo otra vez. Sin embargo, si llueve, me digo: «Qué se le va a hacer», y me resigno. Éste es el lado bueno de la lluvia.

El problema es que, a pesar de no haber corrido muy en serio últimamente, ha empezado a dolerme la rodilla. Y, como ocurre con la mayoría de los problemas de esta vida, se ha presentado sin previo aviso. El 17 de octubre, por la mañana, cuando me disponía a bajar las escaleras de mi apartamento, noté un chasquido y la rodilla derecha se me aflojó de repente. Al doblarla hasta cierto ángulo, sentía un dolor peculiar en la rótula. No era exactamente dolor, sino una especie de molestia, y después, de repente, noté que la rodilla se quedaba sin fuerzas. Es lo que se llama «rodilla floja»: si no te agarras al pasamanos, no puedes ni bajar las escaleras.

Tal vez el cansancio acumulado en la dura etapa de entrenamiento haya asomado ahora su cara con la repentina bajada de las temperaturas. El calor del verano ha persistido tenazmente durante bastante tiempo, a pesar de que ya estábamos en octubre, pero la lluvia que ha caído sin cesar durante prácticamente una semana ha traído de repente el otoño a la región de Nueva Inglaterra. Cuatro días atrás teníamos puesto el aire acondicionado y ahora no sólo un frío viento barre la ciudad sino que, hasta donde alcanza la vista, todo se ha transformado en un paisaje propio de finales de otoño. He tenido que buscar precipitadamente los jerséis en el fondo del cajón. Hasta las ardillas corretean de un lado a otro en busca de provisiones con cara de preguntarse si todo esto no será sólo cosa de su imaginación, que les está jugando una mala pasada. Cuando se produce un cambio tan drástico de estación como éste, los desajustes en el cuerpo son inevitables. En cambio, de joven nunca me afectaba. El principal problema se presenta cuando llega ese frío húmedo.

Para un corredor de fondo, que ha de convivir a diario con el duro entrenamiento, las rodillas son siempre su talón de Aquiles. Se dice que, al correr, cada vez que apoyamos los pies transmitimos a las piernas un impacto equivalente al triple de nuestro peso corporal. Eso lo repetimos unas diez mil veces al día. Y ahí, entre el duro hormigón del piso y esa irracional carga de peso (por más que las zapatillas incorporen elementos amortiguadores), están nuestras rodillas, aguantando firme y silenciosamente. Si se piensa bien (y esto es algo que casi nunca se piensa), lo raro sería que no surgieran problemas. Supongo que las rodillas también tienen derecho a quejarse de vez en cuando: «De acuerdo, corre hasta quedarte sin aliento, pero ¿no podrías ocuparte un poquito de nosotras? Recuerda que, si nos rompemos, no tienes otras de repuesto, ¿eh?».

¿Cuándo fue la última vez que pensé en serio en mis rodillas? Al hacerme esta pregunta, sentí que les debía una disculpa a ambas. Tenían razón. Quedarse sin aliento tiene fácil arreglo, pero lesionarte las rodillas no. No hay más remedio que aguantar con ellas hasta la tumba. Así que hay que cuidarlas bien.

Ya lo he dicho antes, pero, por suerte, hasta el momento nunca he sufrido una lesión grave como corredor. Ningún problema físico me ha impedido participar en una carrera. Y tampoco me he visto obligado a abandonar una carrera a medias. Es cierto que ya había sufrido alguna vez molestias en la rodilla derecha (siempre en la derecha), pero, hasta ahora, siempre remitían. Por eso quise pensar que también en esta ocasión se me pasarían. Sin embargo, esta vez, ya acostado en la cama, me asaltó la inquietud. ¿Y si a estas alturas no podía participar en la carrera? ¿Habría cometido algún error al planificar el entrenamiento? ¿Debía haber hecho más estiramientos? (Tal vez.) ¿Me habría forzado demasiado en el tramo final de esta última media maratón? Cuando me pongo a pensar estas cosas no consigo conciliar el sueño. Fuera, ruge el frío viento.

Al despertar al día siguiente, después de lavarme la cara y tomar un café, pruebo a bajar las escaleras del apartamento. Me sujeto al pasamanos, me concentro en la rodilla derecha y empiezo a bajar, temeroso. En la parte interna de la rodilla todavía siento alguna molestia. Se insinúa el dolor, pero no es tan agudo e inesperado como el de ayer. Pruebo a subir y bajar de nuevo. Esta vez, a una velocidad más o menos normal, bajo cuatro peldaños y los vuelvo a subir. Ensayo varias formas de andar y pruebo a doblar la rodilla en distintos ángulos. No oigo ni noto ningún crujido de mal agüero en la articulación. Ya me siento un poco más aliviado.

Por otro lado, mi vida cotidiana en Cambridge no me da ni un respiro. Están reformando el edificio de apartamentos en el que vivo y, de día, resuena por todas partes el estrépito de los taladros y las lijadoras. Desde la ventana del cuarto veo el trajín de los obreros, que trabajan desde las siete y media de la mañana (cuando aún está algo oscuro) hasta las tres y media. La terraza de la planta de arriba no estaba bien permeabilizada y mi habitación se llenó de goteras. Me cayó agua hasta en la cama en la que duermo. Todos los cacharros que tenía por casa no bastaron para recoger el agua de las goteras, así que tuve que extender papeles de periódico por toda la habitación. Para colmo, la caldera se averió de repente y nos quedamos sin calefacción y sin agua caliente. Y eso no es todo. Al parecer, había también un problema con el detector de incendios del pasillo y su estridente alarma se disparaba una y otra vez. En fin, que cada día hay jaleo.

Mi apartamento queda tan cerca de Harvard Square que, entre otras ventajas, puedo ir a pie al despacho de la universidad, así que no tengo nada que objetar en cuanto a comodidad, pero esto de la reforma integral de todo el edificio ha sido un fastidio. No obstante, tampoco puedo pasarme el día quejándome. El trabajo pendiente se me acumula y el maratón se aproxima.

Al menos, parece que la rodilla va mejorando. Esto sí que es una buena noticia. En adelante, intentaré centrarme en los aspectos positivos de todo lo que me ocurra.

Otra buena noticia: mi charla del día 6 de octubre en el Instituto Tecnológico de Massachusetts tuvo mucho éxito. Tal vez demasiado, debería decir. La universidad me había reservado un aula grande, con capacidad para cuatrocientas cincuenta personas, pero resultó que acudieron, agolpándose a las puertas del aula, unas mil setecientas, de modo que hubo que desalojar a la mayoría. Tuvo que intervenir la policía de la universidad *(campus police)* para poner orden. Se organizó tal alboroto que nos vimos obligados a retrasar la hora de inicio de la charla. Para colmo, el aire acondicionado estaba estropeado. Hacía uno de esos días que parecen de pleno verano y la gente, que atestaba la sala, sudaba a chorros.

Comencé así la charla: «Gracias por tomarse la molestia de venir a escucharme. Si llego a saber que iban a ser ustedes tantos hubiera pedido que nos dejaran el estadio Fenway Park». Entre el incidente y el calor que hacía, todo el mundo estaba alterado, así que había que reírse un poco. Me quité la americana y di la charla en camiseta. La reacción del público, casi todos estudiantes, fue excelente y, de principio a fin, tanto ellos como yo pudimos disfrutar de una conversación agradable en un ambiente lleno de afabilidad. Me alegró de veras comprobar que había tantos jóvenes interesados en mis novelas.

Y otra buena noticia: la traducción de *El gran Gatsby,* de Scott Fitzgerald, va como una seda. Ya he terminado el primer borrador y ahora trabajo minuciosamente sobre él, retocándolo, para obtener un segundo borrador. Revisando a conciencia línea por línea, puliendo aquí y allá, la traducción va quedando más fluida, y me doy cuenta de que el sentido original del texto de Fitzgerald va pasando al japonés de forma cada vez más natural. Me produce cierto reparo insistir en ello, pero *El gran Gatsby* es una novela magnífica. Por más veces que la leo, nunca me cansa. Pertenece a ese tipo de literatura que siempre te nutre. Cada vez que la leo, descubro algo nuevo y siento intensamente algo nuevo. ¿Cómo un escritor tan joven, de tan sólo veintinueve años, supo captar la verdadera cara del mundo de un modo tan agudo, imparcial y conmovedor? ¿Cómo lo hacía? Cuanto más lo pienso, cuanto más la releo, más me asombra.

El 20 de octubre, tras cuatro días sin haber entrenado debido a la lluvia y las molestias en la pierna, salgo por fin a correr. Por la tarde, cuando ya ha subido un poco la temperatura, me abrigo y pruebo a correr durante unos cuarenta minutos a ritmo suave. Afortunadamente, no noto nada raro en la rodilla. Empiezo despacio, a paso muy suave, y poco a poco voy aumentando la velocidad sin dejar de prestar atención a mi estado. No pasa nada. Las piernas, las rodillas, los talones, por ahora todo funciona sin problemas. Respiro aliviado. Participar en la carrera y acabarla es para mí lo esencial. Alcanzar la meta, no caminar y disfrutar de la carrera: éstos son, en ese orden, mis tres objetivos fundamentales.

Ha hecho buen tiempo tres días seguidos y, gracias a ello, por fin han acabado los trabajos de impermeabilización del tejado. El encargado que dirige las obras, David, un joven alto de origen suizo, me había dicho con gesto sombrío mientras miraba al cielo: «Si tuviéramos tres días de buen tiempo seguidos, terminaríamos los trabajos de impermeabilización, pero...». Pues bien, ahí estaban esos tres días. Con ello desaparecieron también las goteras. Y arreglaron la caldera y volvió a salir agua caliente sin trabas. Por fin pude darme una ducha caliente. Un problema de obstrucción en el sótano, provocado por la reparación de la caldera, también se resolvió y pudimos volver a usar la lavadora y la secadora. Y a partir de mañana podremos encender de nuevo la calefacción. Han sido días muy duros, pero parece que las cosas (incluido el estado de mi rodilla) van enderezándose.

27 de octubre. Hoy, por fin, ya no noto ninguna molestia y he podido correr más o menos al ochenta por ciento de mi capacidad. Ayer todavía notaba una pequeña molestia que me daba mala espina, pero esta mañana he corrido igual que de costumbre. He entrenado unos cincuenta minutos y, en los últimos diez, he probado a aumentar la velocidad con firmeza. Visualizo mi futura entrada en Central Park el día de la carrera y la proximidad de la meta, e intento adecuar la velocidad a esa situación. No surge el menor problema. Mis dos pies apoyan bien sobre el piso y puedo extender la rodilla del todo. El peligro, creo, ya ha pasado.

Ha arreciado el frío. Las calles están atestadas de calabazas de Halloween y, por las mañanas, el camino de la ribera está cubierto de coloridas y húmedas hojas caídas de los árboles. Los guantes son ya un artículo de primera necesidad para poder correr a primera hora de la mañana.

29 de octubre, una semana antes del maratón. Por la mañana han caído algunos copos de nieve, de manera suave y dispersa, que, a partir del mediodía, han

dado paso a una copiosa nevada. Y pensar que hasta hace cuatro días parecía que estuviéramos en verano... Así es el clima en Nueva Inglaterra. Desde la ventana del despacho de la universidad contemplo cómo los copos de nieve van cubriendo el paisaje. En cuanto a la forma física, la cosa no va mal. Por lo general, cuando tengo cansancio acumulado me cuesta mucho empezar a correr, y salgo lenta y pesadamente. Pero ahora consigo arrancar con mayor ligereza. Al parecer, mis piernas se han recuperado por completo. Incluso cuando ya estoy corriendo, tengo ganas de correr más.

Pese a todo, persiste la inquietud. ¿De veras se ha esfumado definitivamente aquella sombría imagen que cruzó por un instante ante mis ojos? ¿No permanecerá todavía al acecho, latente y oculta en alguna parte de mi cuerpo? Tal vez siga agazapada en algún sitio, como un astuto ladrón que, conteniendo la respiración al abrigo de las miradas de los habitantes de la casa, espera a que éstos se duerman. Miro en lo hondo de mí mismo, escrutándome. Trato de distinguir la imagen de esa cosa que todavía puede hallarse dentro de mí. Pero nuestro cuerpo, al igual que nuestra consciencia, es un laberinto. Por doquier hay oscuridad y ángulos muertos. Por doquier hay mudas insinuaciones, y por doquier acecha la incertidumbre.

Yo sólo dispongo de mi experiencia y mi instinto. La experiencia me enseña: «Ya has hecho todo lo que tenías que hacer. A estas alturas poco importa lo que pienses. No queda sino esperar a que llegue el día». Y el instinto me dice una sola cosa: «Imagina».

Cierro los ojos y me pongo a imaginar. Me imagino a mí mismo, junto con decenas de miles de corredores, atravesando Brooklyn, Harlem, las calles de Nueva York. Imagino que cruzo esos gigantescos puentes colgantes de acero. Imagino lo que siento al correr bordeando el bullicioso Central Park South, en dirección a la meta, cuando ésta ya se aproxima. Imagino esa *steak-house* a la antigua, cercana al hotel, donde comeré al acabar la carrera. Esas escenas insuflan en mi cuerpo una suerte de vitalidad serena. Desisto de seguir forzando la vista en medio de esa oscuridad. Y también de aguzar el oído para intentar captar algo entre los ecos de ese silencio.

Me llega un correo electrónico de Liz, quien se ocupa de mis libros en la editorial Random House. Me dice que también ella participará en el Maratón de Nueva York. Será su primer maratón completo. Le contesto, también por correo electrónico, con un *«Have a good time!»* (¡Que lo disfrutes!). Eso es. Los maratones están para disfrutarlos. Si no, ¿qué sentido tendría que decenas de miles de personas se lancen a una carrera de cuarenta y dos kilómetros?

Confirmo la reserva de mi hotel en Central Park South y compro los billetes de avión Boston-Nueva York. Meto en la bolsa de deporte la ropa de correr que me gusta y las zapatillas, domadas a fuerza de usarlas. Sólo me queda descansar y esperar tranquilo a que llegue el día. Y rogar para que haga uno de esos espléndidos días otoñales.

Cada vez que visito Nueva York para participar en el maratón (y creo que con ésta van ya cuatro veces), me acuerdo de «Autumn in New York», aquella elegante y hermosa balada que compuso Vernon Duke:

> *Dreamers with empty hands*
> *May sigh for exotic lands*
> *It's autumn in New York*
> *It's good to live it again*

> Soñadores con las manos vacías
> suspirarán por tierras exóticas.
> Es otoño en Nueva York,
> qué maravilloso vivirlo de nuevo.

Nueva York en noviembre es una ciudad fascinante. Su aire se torna resueltamente fresco y transparente, y los árboles de Central Park empiezan a teñirse de amarillo. El cielo está altísimo y los cristales de los rascacielos reflejan fastuosamente la luz del sol. Tengo la impresión de que, caminando de manzana en manzana, podría llegar hasta el infinito. Sofisticados abrigos de cachemira adornan los escaparates de Bergdorf Goodman y por las esquinas flota el fragante aroma tostado de los *pretzels*.

El día de la carrera, ¿podré saborear a placer el otoño en Nueva York mientras mis piernas me impulsan por esa «tierra exótica»? ¿O tal vez no dispondré ni de un instante para ello? Si no corro, por supuesto, nunca lo sabré. Así son los maratones.

Ocho
26 de agosto de 2006 – En una ciudad de la costa de Kanagawa
Dieciocho hasta la muerte

Ahora me afano en entrenar para una carrera de triatlón. Llevo una temporada centrado en la preparación de la prueba de ciclismo. Pedaleo denodadamente todos los días durante una o dos horas por un circuito litoral en el que soplan fuertes vientos laterales, situado en la zona de Ōiso y cuyo nombre es Circuito Ciclista de la Costa del Pacífico (pese a su pretenciosa denominación, es una vía bastante entrecortada y engorrosa). Por eso tengo ahora los músculos petrificados desde los muslos hasta la cintura.

En las bicicletas de competición, al tiempo que empujas un pedal hacia abajo tienes que tirar del otro hacia arriba. Así, a base de empujar y tirar, se gana velocidad. Hay que intentar mantener un pedaleo lo más fluido posible. Esto del tirón hacia arriba es clave a la hora de superar largas cuestas empinadas. Sin embargo, como los músculos que se encargan de este movimiento apenas se usan en el día a día, cuando te pones a hacer bicicleta en serio, es inevitable que esa zona muscular se recargue y se te quede extenuada. Por las mañanas entreno con la bicicleta y al atardecer salgo a correr. Así, aunque tenga los músculos de las piernas cargados, puedo más o menos seguir con el entrenamiento de carrera de fondo. Por supuesto, esta forma de entrenar no es para morirse de divertida. Pero tampoco me puedo quejar. A fin de cuentas, así será luego, cuando llegue la carrera de verdad.

Sólo entreno bicicleta en serio unos meses antes del triatlón. Correr y nadar no me disgusta, así que, aunque no tenga una carrera en perspectiva, los he integrado sin problemas en mi vida cotidiana, pero lo de la bicicleta es ya otro cantar. Una de las razones por las que la bicicleta me agobia tanto es que se trata de un «instrumento». Necesita, por añadidura, un montón de accesorios: que si casco, que si calzado especial, etcétera, etcétera. Y los ajustes en el equipo y en las piezas son indispensables, y yo, en esto del mantenimiento de aparatos, soy un desastre desde que nací. Y hay que encontrar un circuito relativamente seguro por el que poder pedalear sin trabas y desplazarse hasta él para entrenar. Todo esto me desalienta.

Y, además de todo ello, está el miedo. Para llegar hasta un circuito en el que poder correr decentemente hay que subirse a la bicicleta, atravesar las calles del casco urbano y salir a las afueras. Quien no lo haya vivido seguramente no podrá comprender el temor que se siente al circular entre los coches con las zapatillas fijadas a los pedales por los anclajes y encima de una sensible bicicleta deportiva de finísimas ruedas (capaz de acusar hasta el menor bache). Conforme adquieres experiencia, te vas acostumbrando y acabas pillándole el truco. Pero, hasta entonces, yo me llevé varios buenos sustos y en ciertos momentos las pasé canutas.

También en los entrenamientos, cuando acometes una curva cerrada intentando mantener al máximo la velocidad con la que entras, notas que el corazón se te dispara. Si no pasas la curva con una trazada limpia y bien ladeado, puedes acabar en el suelo o empotrado contra una pared. Tienes que encontrar por ti mismo el punto límite, a fuerza de experiencia. Y cuando desciendes a toda velocidad por un piso mojado por la lluvia, el miedo que se pasa no es despreciable. En una carrera abarrotada de ciclistas, el más mínimo error puede terminar en un accidente colectivo.

Como nunca he sido muy habilidoso ni me gustan las competiciones de velocidad, estos aspectos de la prueba ciclista se me dan bastante mal. Por eso, de entre la natación, el ciclismo y el fondo, que son las tres pruebas del triatlón, siempre dejo para el final el entrenamiento del ciclismo, que es, como puede deducirse, mi asignatura pendiente. Por más que intente recuperar en la prueba de fondo posterior lo que he perdido en la de ciclismo, en tan sólo diez kilómetros no me da tiempo. Así que, esta vez, estoy decidido a que esto cambie y me estoy esforzando sobremanera en el entrenamiento con la bicicleta. Hoy es 1 de agosto. Y la carrera es el 1 de octubre, así que faltan exactamente dos meses. Si, comenzando a practicar ahora, conseguiré o no tener desarrollada la musculatura necesaria para el día de la carrera, es una incógnita; en cualquier caso, es necesario acostumbrar el cuerpo a la bicicleta.

Mi bicicleta, una Panasonic deportiva de titanio, es ligera como una pluma. Con éste, creo que llevo ya unos siete años usándola. Su cambio de marchas es para mí como una función corporal más. Es una máquina portentosa. Al menos, es mucho mejor que el que la lleva. Pese a que la maltrato bastante, nunca he tenido con ella un problema que pueda calificarse de tal. Ya he participado con ella en cuatro triatlones. En el cuadro lleva puesto su nombre: «18 'Til I Die» «18 hasta la muerte». Lo tomé prestado del título de la exitosa canción de Bryan Adams. Es una broma, por supuesto. La única manera de tener dieciocho años hasta la muerte es morir con dieciocho años.

En Japón, este verano ha hecho un tiempo muy extraño. El *tsuyu,* que normalmente debería de haberse acabado a principios de julio, se prolongó hasta finales de ese mes. Y llovió hasta el hartazgo. Las intensas lluvias torrenciales castigaron a casi todas las regiones y se cobraron muchas víctimas. Se culpa de todo ello al calentamiento global; puede que se deba a ello, o puede que no. Algunos científicos afirman que es así, y otros aseguran que no. Ciertas hipótesis se pueden demostrar y otras, no. Pero la gran mayoría de los problemas a los que se enfrenta el mundo en la actualidad se imputan, en mayor o menor medida, al calentamiento global. Si caen las ventas en la industria de la moda, si las olas arrastran una cantidad ingente de troncos hasta la costa, si se producen inundaciones, si se recrudece la sequía o si suben los precios al consumo, la responsabilidad se la lleva en su mayor parte el calentamiento global. Lo que necesita el mundo es un malvado concreto, con nombre y apellidos, al que poder señalar con el dedo y espetarle: «¡La culpa es tuya!».

El caso es que, por culpa de algún villano ingobernable, llovió sin cesar durante días y días y apenas pude entrenarme con la bicicleta en el mes de julio. No es culpa mía, sino del villano ése. Pero por fin luce el sol y he podido sacar la bicicleta a la calle. Me pongo el casco aerodinámico y las gafas de sol deportivas, relleno el botellín de agua, ajusto el velocímetro y me lanzo a pedalear.

Lo primero que hay que tener en cuenta a la hora de montar en una bicicleta de competición es que, para evitar la resistencia del viento, hay que llevar el cuerpo lo más inclinado hacia delante que se pueda y, además, la cabeza bien levantada. Hay que adoptar esa posición cueste lo que cueste. Cuando uno prueba a hacerlo, enseguida se da cuenta de ello: mantener más de una hora esa postura de mantis religiosa con la cabeza erguida, para alguien que no está acostumbrado, resulta realmente inhumano. Todos los músculos de la espalda y del cuello empiezan a quejarse. Y, cuando ya estás exhausto, hagas lo que hagas la cabeza se te va para abajo y, con ella, también tu rostro. Entonces es cuando, como si hubiera estado esperando al acecho, surge el peligro.

En una ocasión, durante una salida de cerca de cien kilómetros de distancia para preparar mi primer triatlón, me di un tremendo golpe frontal contra un poste metálico. Era uno de esos postes que se colocan para impedir el acceso de coches y motos a las vías de uso exclusivo para peatones y ciclistas que hay en la ribera del río. Estaba extenuado, la mente se me nubló y, por un segundo, olvidé que debía mantener la cabeza erguida. La rueda delantera se dobló como un ocho, y yo salí despedido de cabeza en dirección al suelo. Cuando quise darme cuenta, mi cuerpo volaba literalmente por los aires. De no ser por el casco, seguro que habría sufrido una grave lesión. Me despellejé los brazos contra el asfalto, pero, por fortuna, todo quedó en eso (hay personas de mi entorno que en situaciones similares han salido muy malparadas).

Cuando uno se lleva un susto tan tremendo como ése, se le queda grabado y aprende algo de él. La mayoría de las veces, el dolor físico es necesario para asimilar bien los fundamentos de las cosas. Desde ese accidente, por muy cansado que esté, siempre llevo la cabeza erguida. Y procuro no perder de vista ni uno solo de los elementos que tengo por delante de mí en el camino. Aunque ello implique maltratar mis pobres músculos.

No sudo. O sí, seguramente lo hago; pero el viento que recibo es tan fuerte que me seca el sudor de inmediato, conforme lo transpiro. En cambio, siento sed. Si no bebo, enseguida noto síntomas de deshidratación. Entre ellos, que la cabeza se me nubla. Sin el botellín de agua sería incapaz de pedalear. Así pues, sin dejar de correr, tomo el botellín que va fijado a la bicicleta, bebo a toda prisa unos tragos y vuelvo a colocarlo en su soporte. Practico para poder llevar a cabo series de acciones como ésta de modo automático y fluido, sin dejar de mirar hacia delante.

Para ser sincero, lo de practicar yo solo con la bicicleta se me hace muy arduo. Como en los inicios no tenía ni idea, pedí ayuda a un experto en ciclismo de competición y él me hizo las veces de entrenador personal. Metíamos las bicicletas en un monovolumen y nos íbamos a entrenar al muelle de Ōi los días festivos. Como esos días no van camiones de reparto a Ōi, las amplias avenidas que rodean a los almacenes del muelle se convierten en un excelente circuito para la práctica del ciclismo. Muchos ciclistas se dan cita allí. Programábamos el tiempo que correríamos, fijábamos un ritmo de pedaleo y nos lanzábamos. También hacíamos juntos salidas de larga distancia en carretera (como aquélla en la que sufrí el accidente). Correr largas distancias durante extensas sesiones de entrenamiento para preparar un maratón es una actividad muy solitaria, pero pedalear tú solo, en silencio, agarrado a la barra del manillar, lo es mucho más. Se repite infinidad de veces lo mismo: cuestas empinadas, tramos llanos, descensos, viento a favor y viento en contra. En función de ello, cambio de marcha, cambio de postura, compruebo el ritmo de pedaleo, aumento la carga, disminuyo la carga, compruebo el ritmo de pedaleo, bebo agua, cambio de marcha, cambio de postura... A veces creo que se trata de una suerte de sofisticada tortura. El triatleta Dave Scott cuenta en una obra suya cómo fue su primer entrenamiento de ciclismo: «Pensé que, de entre todos los deportes que había inventado el hombre, éste era sin duda el más desagradable». Lo mismo me dije yo, de veras.

Pero, con una carrera de triatlón a tan sólo unos meses vista, no hay excusas que valgan: tengo que dominar esto como sea. Canturreando a la desesperada el estribillo de la canción «18 'Til I Die», «Dieciocho hasta la muerte», de Bryan Adams, y maldiciendo el mundo de vez en cuando, pedaleo empujando un pedal hacia abajo y tirando del otro hacia arriba. Obligo a mis piernas a memorizar el ritmo de pedaleo. El viento caliente del Pacífico, que sopla a su antojo, me roza las mejillas hasta que me escuecen.

Mi estancia en la Universidad de Harvard terminó a finales de junio y mi vida en Cambridge llegó a su fin (¡y con ella, la cerveza Samuel Adams y los Dunkin' Donuts!), así que hice el equipaje y, a comienzos de julio, regresé a Japón. Se preguntarán en que ocupaba casi todo mi tiempo libre mientras vivía en Cambridge. Lo confesaré: en comprar montones de elepés de vinilo. En las inmediaciones de Boston quedan bastantes tiendas que venden discos de segunda mano en muy buen estado. Y, cuando tenía oportunidad, me acercaba también a las de Nueva York o Maine. El setenta por ciento de lo que compré fue jazz, y el resto, música clásica y algo de rock. Soy un coleccionista de discos antiguos bastante (o, mejor dicho, muy) entusiasta. Después, enviar semejante montón de discos a Japón fue muy complicado.

Ni siquiera yo sé muy bien cuántos elepés de vinilo tengo ahora en casa. Nunca los he contado, y tampoco he sentido la necesidad de hacer algo tan horroroso. Siempre, desde que tenía quince años, he comprado numerosos discos y también he ido dando o vendiendo muchos de ellos. Pero el trasiego de entradas y salidas ha sido demasiado intenso, hasta el punto de que resulta imposible saber cuál es su número actual. Vienen y se van. De lo que no cabe duda es de que su número total siempre aumenta. El número concreto no es una cuestión trascendental. Si alguien me preguntara cuántos discos tengo, sólo le contestaría: «Creo que un buen montón. Pero todavía no son suficientes».

El millonario Tom Buchanan, el jugador de polo que aparece en *El gran Gatsby* de Scott Fitzgerald, dice lo siguiente: «Supongo que habrá mucha gente que reforme su caballeriza para hacerse un garaje. Yo debo de ser el único que ha reformado su garaje para hacerse una caballeriza». No es por alardear, pero yo hago algo parecido. Es decir, que si tengo una obra en cedé, pero la encuentro también en vinilo de buena calidad, vendo sin dudar el cedé y me quedo sólo con el elepé de vinilo. O, incluso tratándose de un mismo elepé en vinilo, si después doy con versiones de mejor calidad sonora o más fieles al original que la que tengo, voy vendiendo las anteriores y las voy sustituyendo por éstas sin vacilar. Es laborioso y conlleva unos gastos nada despreciables. Mucha gente, quizá, calificaría de maniacos a los que hacemos estas cosas.

En noviembre del año pasado, es decir, de 2005, corrí, como tenía previsto, el Maratón de Nueva York. Despuntó un agradable y despejado día de otoño. Un día tan espléndido que se diría que el ya difunto Mel Tormé iba a surgir de la nada para, apoyado en un piano de cola, arrancarse con unas estrofas de «Autumn in New York». Yo, junto con decenas de miles de corredores llegados de todas las partes del mundo, tomé la salida por la mañana desde el puente de Verranzano, en Staten Island, atravesé Brooklyn (donde la escritora Mary Morris me espera siempre para animarme cuando paso), pasé por Queens, crucé varios puentes, atravesé Harlem y, unas horas después, llegué a la meta situada en Central Park, cerca del restaurante Tavern On The Green, a cuarenta y dos kilómetros de distancia de la salida.

¿Que cómo fue el resultado? Francamente, no muy bueno. Al menos no tan bueno como el que yo, secretamente, esperaba obtener. Si pudiera, me habría gustado terminar la obra con unas enérgicas palabras de cierre del estilo «Gracias a que entrené muy duro, conseguí obtener un magnífico tiempo en el Maratón de Nueva York. Al llegar a la meta casi me emocioné», al tiempo que me alejaba caminando en plan guay hacia un espléndido atardecer, acompañado por el épico tema de la película *Rocky*. Para ser sincero, hasta que de veras corrí la carrera, tenía la esperanza de que fuera así, deseé que se desarrollara así. Ése era mi plan A. Un plan estupendo.

En la vida real, no obstante, las cosas no suelen salir tan bien. Cuando en un momento de nuestras vidas, acuciados por la necesidad, deseamos que ocurra algo agradable, la mayoría de las veces el que llama a las puertas de nuestras casas es el cartero trayéndonos malas noticias. No puede decirse que eso ocurra siempre, pero sí sé, por experiencia, que nos trae más a menudo noticias tristes que alegres. Se lleva la mano a la gorra y pone cara de sentirlo mucho, pero eso no influye ni un ápice en el contenido del mensaje que nos entrega. Pese a todo, no es culpa suya. Nada se le puede reprochar. No podemos agarrarlo de la solapa y zarandearlo. El pobre cartero sólo cumple honestamente con el trabajo que le han encomendado su jefa. Y su jefa no es otra que..., eso es, una vieja conocida: la realidad.

De ahí que necesitemos un plan B.

Antes de la carrera pensaba que estaba en plena forma. También había descansado bastante. La molestia de la rodilla había desaparecido. Todavía notaba algo de cansancio en las piernas, especialmente en la zona de las pantorrillas, pero (me parecía que) tampoco era como para preocuparse. Cumplí con mi programa de entrenamiento sin contratiempo alguno. Era, quizá, la vez que mejor había podido entrenar para una carrera. Por eso abrigaba la esperanza (o la moderada convicción) de que haría mi mejor tiempo en los últimos años. Ahora sólo tenía que cambiar las fichas que había ido acumulando por dinero en efectivo.

En la línea de salida me situé detrás de la liebre* que llevaba el cartel de tres horas y cuarenta y cinco minutos. Pensaba que podía aspirar sin dificultad a ese tiempo. Tal vez cometí un error. Viéndolo en retrospectiva, tal vez debí seguir a la liebre de las tres horas y cincuenta y cinco minutos hasta aproximadamente el kilómetro treinta y, a partir de ahí, si me encontraba bien y con fuerzas para apretar, haber ido aumentando el ritmo de un modo natural. Debí planteármelo así, de un modo más prudente. Pero, en aquel momento, había otra cosa que me empujaba por detrás y me susurraba al oído: «¿Acaso no te has dejado la piel entrenándote en medio de aquel terrible calor? Si no eres capaz ni de correr en ese tiempo, esto no tiene sentido. Eres un hombre, ¿no? ¡Entonces actúa como tal, inténtalo!», como el astuto gato y el zorro que tentaron a Pinocho cuando se dirigía al colegio. Además, hasta hace muy poco, tres horas y cuarenta y cinco minutos era para mí un tiempo *business as usual*, de lo más normal.

Hasta el kilómetro veinticinco aproximadamente pude seguir a la liebre, pero después me resultó impo-

---

* Se trata del *pacer* o *pacemaker*, un corredor encargado de marcar el ritmo. *(N. del T.)*

sible. Me fastidia reconocerlo, pero las piernas me dejaron de responder poco a poco. Mi ritmo decayó gradualmente. Me adelantó la liebre de las tres horas y cincuenta minutos, y luego también la de las tres horas y cincuenta y cinco minutos. La cosa se ponía fea. Pero de ninguna manera iba a permitir que me adelantara también la liebre de las cuatro horas. Pasado el puente de Triborough, tras enfilar la amplia avenida que conduce hasta Central Park, noté que me recuperaba un poco y brotó en mí un atisbo de esperanza; quizá todavía podía reaccionar. Sin embargo, se esfumó en un instante y, al entrar en Central Park, por la zona en la que se encuentran aquellas larguísimas cuestas, me dio de repente un calambre en la pantorrilla de la pierna derecha. No era tan fuerte como para obligarme a dejar de correr, pero, debido al dolor, sólo podía correr a la misma velocidad que si estuviera andando. El público a mi alrededor me animaba: «*Go! Go!*» y, por mi parte, yo también tenía muchas ganas de seguir corriendo, pero el caso es que las piernas no me respondían.

Así pues, tampoco esta vez conseguí bajar de las cuatro horas, aunque por muy poco. Por supuesto, aunque a trancas y barrancas, conseguí acabar la carrera, de modo que conseguí mantener mi récord de maratones completos consecutivos (éste hizo el vigésimo cuarto). Es decir, que cumplí con el mínimo. Pero eso no me dejó nada satisfecho: había elaborado un programa tan minucioso de entrenamiento, le había puesto tantas ganas... Era como si un jirón de una nube oscura se me hubiera enredado en el estómago. Por más vueltas que le daba, seguía sin convencerme. Con lo que yo me había esforzado... ¿Por qué me tenía que dar a mí ese calambre? Por supuesto, a estas alturas no pretenderé defender la idea de que todo esfuerzo ha de verse justamente recompensado y esas cosas, pero, si de veras hay un Dios en los cielos, ya podría enviarnos una *señal*, aunque sea fugaz, de ello, ¿no? ¿No puede tener siquiera esa mínima deferencia?

Aproximadamente medio año después, en abril de 2006, corrí el Maratón de Boston. Tengo por principio correr sólo un maratón completo al año, pero como el resultado del de Nueva York no me había dejado buen sabor de boca, intenté enmendarlo corriendo otro. Ahora bien, esta vez me entrené bastante menos, y a propósito. En el Maratón de Nueva York, para el que había entrenado muy a conciencia, los resultados me habían defraudado. Tal vez había pecado por exceso. Por eso esta vez me propuse intentarlo sin más, limitándome a correr un poco más que de costumbre, sin fijarme un horario de entrenamiento especial y sin complicarme mucho la vida. Decidí probar a ver qué pasaba si me lo tomaba con cierta displicencia. Algo en plan «venga, si esto no es más que un simple maratón».

Por ello corrí en Boston. Era la séptima vez que participaba en ese maratón, así que tenía el recorrido grabado en la mente. Me acordaba de todo: del número de cuestas, del estado de cada una de las curvas... También sabía, más o menos, el modo en que había que correrlo (aunque, por supuesto, eso no te garantiza en absoluto que puedas correrlo bien).

Bueno, se preguntarán, ¿cuál fue el resultado?

Hice prácticamente el mismo tiempo que en el de Nueva York. Esta vez, escarmentado por la experiencia de entonces, me refrené durante la primera mitad. Corrí manteniendo el ritmo a la vez que ahorraba energías. Fui observando tranquilamente el paisaje a mi alrededor, disfrutando del recorrido, a la espera de que llegara ese punto en el que me dijera: «Venga, a partir de aquí vamos a ir subiendo ya un poco el ritmo». Pero, finalmente, ese momento nunca llegó. Hasta pasar la llamada Heartbreak Hill, «Colina Rompecorazones», situada entre los kilómetros treinta y treinta y cinco, me encontraba muy bien. Ni el menor problema. Los amigos y conocidos que me aguardaban en la subida de Heartbreak Hill para animarme, me dijeron después que, a juzgar por mi rostro, les había parecido que iba bastante bien. Por mi parte, subí la cuesta saludándoles con la mano y les dirigí una sonrisa al pasar junto a ellos. Incluso pensé que, si seguía así, tal vez al final podría aumentar el ritmo y recortar bastante el tiempo. Sin embargo, cuando, tras pasar Cleveland Circle, entré en el centro de la ciudad, de repente las piernas empezaron a pesarme. La extenuación se me echó encima de improviso. No tenía calambres, pero en los últimos kilómetros, entre el final del puente de la Universidad de Boston y la meta, lo máximo que pude hacer fue intentar no quedarme atrás. Como para tratar de subir el ritmo...

Por supuesto, terminé la carrera. Bajo un cielo ligeramente encapotado, corrí esos 42,195 kilómetros sin detenerme nunca y logré pasar sin problemas bajo la pancarta de meta que, como siempre, estaba situada delante del Prudential Center. Me envolvieron en una de esas sábanas térmicas de color plateado para protegerse del frío y una voluntaria me colgó una medalla en el cuello. La sensación de alivio de costumbre, esa que me dice: «¡Uf! Venga, ya no hace falta que sigas corriendo», me invadió de repente. Conseguir terminar un maratón es siempre una experiencia estupenda y un hermoso logro. Pero, como suponía, el tiempo que hice no me dejó satisfecho. Siempre ardo en deseos de tomarme toda la Samuel Adams de barril que me apetezca cuando acabe la carrera, pero, en esta ocasión, ni de eso tenía ganas. El agotamiento me invadía hasta lo más profundo de las entrañas.

–Pero ¿qué te ha pasado? –me dijo, preocupada, mi mujer, que me esperaba en la meta–. No parece que hayas perdido fuerza y, además, te entrenas bastante...

Yo tampoco sé qué ocurrió. Tal vez, simple y llanamente, me esté haciendo mayor. O tal vez puedan aducirse otras razones. O tal vez esté sucediendo algo importante que se me escapa por completo. En cualquier caso, por ahora tengo que dejarlo en esos «o tal vez». Como el fino cauce de agua que va siendo silenciosamente absorbido por el desierto.

Lo único que puedo afirmar con bastante seguridad es que voy a seguir corriendo maratones con todo mi empeño, sin desfallecer, hasta que consiga volver a sentir que he corrido satisfactoriamente. Supongo que, mientras mi cuerpo me lo permita, aunque esté viejo y achacoso, y aunque la gente de mi entorno me sugiera cosas como «Señor Murakami, ¿no cree que sería hora de ir dejándolo? Ya tiene usted una edad, ¿eh?», seguiré corriendo. Aunque mis tiempos empeoren más y más, estoy seguro de que pondré en ello el mismo empeño y esfuerzo que hasta ahora (e incluso, en ocasiones, más que hasta ahora). Eso es. Me digan lo que me digan, está en mi naturaleza. Como en la del escorpión picar o en la de las cigarras agarrarse a los árboles. Como en la del salmón retornar al río en el que nació o en la de las parejas de patos buscarse mutuamente.

Aunque no se oiga por ninguna parte el tema de *Rocky*, tal vez para mí, y para este libro, ésa sea una posible conclusión. Aunque tampoco veo atardecer alguno hacia el que dirigirme. Es una conclusión tan sobria como unas deportivas para la lluvia. Quizás alguien la calificaría de anticlímax. Si a un productor de Hollywood le propusieran hacer la versión cinematográfica de todo esto, estoy seguro de que sólo con ver de pasada la última página la descartaría. Pero, en definitiva, tampoco puedo negar que ésta sea la conclusión más adecuada para mí.

Y es que yo no comencé a correr porque alguien me dijera: «Por favor, ¿podría hacerse corredor?». Asimismo, tampoco empecé a escribir novelas porque alguien me pidiera: «Hágase novelista, por favor». Un día, sencillamente, empecé a escribir novelas porque me gustaba. Y otro día, sencillamente, empecé a correr porque me gustaba. Hasta ahora he vivido haciendo sencillamente lo que me gusta y como me gusta. Y nunca, aunque la gente me intentase refrenar o aunque recibiera críticas malintencionadas, nunca he variado mi forma de actuar. Alguien así, ¿qué más puede pedir?

Alzo la vista hacia el cielo. ¿Encuentro allí algo parecido a una pizca de consideración? No, no se ve nada de eso. Sólo veo despreocupadas nubes estivales flotando suavemente sobre el océano Pacífico. Y no me cuentan nada. Las nubes nunca han sido muy habladoras. Supongo que no debería mirar al cielo. Más bien debería dirigir la mirada hacia mi interior. Lo intento. Es como asomarse a un profundo pozo. ¿Veré en él algo de deferencia hacia mí mismo? Pues no, tampoco. Lo único que se ve allí es mi naturaleza de siempre: individualista, testaruda, falta de compañerismo, a menudo egoísta y, aun así, poco segura de sí misma y que siempre intenta encontrarles la gracia (o algo parecido) hasta a las situaciones más penosas. Ya he recorrido un largo camino con ella a cuestas, como si fuera una vieja bolsa de viaje. No la acarreo porque me guste. Para lo que contiene, pesa demasiado, y su aspecto tampoco es nada del otro mundo. Además, también está llena de rotos y descosidos. Simplemente, no había por ahí otra cosa, así que no he tenido más remedio que traérmela a ella. Pero, en cierto modo, también le he tomado cariño. Por supuesto.

Así pues, el caso es que actualmente me afano en entrenar a diario con vistas al triatlón de la ciudad de Murakami (en la prefectura de Niigata) del próximo 1 de octubre. En otras palabras: sigo llevando conmigo mi vieja bolsa de viaje. Sin duda me dirijo hacia un nuevo anticlímax. Hacia una silenciosa y barroca madurez (o, dicho con mayor humildad, hacia el final de mi evolución).

Nueve
1 de octubre de 2006 – Ciudad de Murakami
(prefectura de Niigata)
Al menos aguantó sin caminar hasta el final

Creo que fue cuando tenía dieciséis años. Aguardé a que todos se hubieran marchado de casa, me desnudé ante un gran espejo y me puse a observar minuciosamente mi cuerpo. Fui anotando en una lista, una por una, todas las cosas de mi cuerpo que (me parecía) estaban un poco por debajo de la media. Por ejemplo (y esto no es más que un ejemplo), mis cejas estaban demasiado pobladas, las uñas de mis manos no eran bonitas, y cosas por el estilo. Recuerdo que encontré, en total, veintisiete. Al llegar a ese número, me sentí fatal y dejé de explorarme. Si tomando sólo las partes visibles de mi anatomía, pensé, encontraba tantas cosas un poco por debajo de la media, al explorar otras regiones (como la personalidad, el juicio o la capacidad física), la lista nunca acabaría.

Claro está que los dieciséis años, como sin duda todos ustedes ya saben, es una edad excepcionalmente problemática. En ella nos preocupamos por menudencias, no vemos con objetividad la posición en la que nos encontramos y nos crecemos o nos acomplejamos ante cualquier tontería. A medida que cumplimos años, y a fuerza de errores, vamos quedándonos con lo que hay que quedarse y descartando lo que hay que descartar; hasta que adquirimos el siguiente conocimiento (o alcanzamos el estado de resignación): si nos ponemos a contar defectos y carencias, no acabaremos nunca, pero algo bueno tendremos también, y no hay más remedio que apañárnoslas e ir tirando con lo que tenemos.

Pero la leve sensación de patetismo que experimenté al situarme desnudo ante el espejo y enumerar aquella retahíla de defectos físicos se enquistó en mi interior, y su recuerdo permanece allí, inamovible, todavía hoy: mi lamentable balance como persona, con su aplastante debe y su haber, un haber a todas luces insuficiente para compensarlo.

Y hoy, unos cuarenta años después, enfundado en un traje de baño negro y con las gafas de natación subidas sobre la cabeza, mientras espero frente al mar a que den la salida de la carrera de triatlón, repentinamente regresa a mi mente aquel recuerdo. Una vez más, siento que este recipiente que yo soy no es más que algo lastimoso e insignificante. Se me antoja insuficiente, lleno de descosidos, indecente. Tengo la impresión de que, a estas alturas, cualquier cosa que haga no servirá ya de nada. Me dispongo a nadar un kilómetro y medio, recorrer cuarenta kilómetros en bicicleta y correr a pie otros diez. ¿Y qué pretendo con esto? ¿No será como verter agua en una vieja cacerola que tiene un agujero en el fondo?

En cualquier caso, hace un tiempo tan magnífico que no puedo quejarme. Un día espléndido para correr un triatlón. No sopla viento y tampoco se ve una sola ola en el mar. El sol vierte sus cálidos rayos sobre la tierra y estamos a unos veintitrés grados. Nada que objetar tampoco a la temperatura del agua. Con ésta, será la cuarta vez que participe en el triatlón de la ciudad de Murakami, en Niigata, y siempre ha sido en condiciones terribles. En una ocasión, el mar estaba tan embravecido –en otoño el Mar del Japón enseguida muestra su rostro– que, en lugar de realizar la prueba de natación, nos hicieron correr por la playa. Sin llegar a tanto, otras veces las he pasado canutas: cuando no te cala la fría llovizna otoñal, las olas son tan grandes que cuesta mucho respirar al nadar a crol, o tiritas de frío mientras pedaleas en la bicicleta. Por eso, mientras recorro en coche los algo más de trescientos cincuenta kilómetros que separan Tokio de Niigata, suelo imaginar que me encontraré el peor tiempo posible. Me convenzo de que, haga lo que haga, no me voy a ir de rositas; es como un entrenamiento visual. Por eso, al ver este apacible mar en calma, me siento engañado. Me prevengo: «No, espera, no te confíes tan fácilmente». Porque esto es sólo un señuelo. En realidad, seguro que en mitad del recorrido me aguardan unas trampas tan terribles que no puedo ni imaginármelas. Tal vez el mar esté atestado de unas extrañas y malignas medusas provistas de aguijones venenosos. O puede que un oso, hambriento antes de su hibernación, embista mi bicicleta. O quizás un caprichoso rayo caiga sobre mi cabeza mientras corro. O tal vez un enjambre de avispas, encolerizadas sin saber por qué, me persiga para atacarme. O quizá mi mujer, que seguramente me estará esperando en la meta, haya descubierto algún desagradable aspecto relacionado con mi vida privada (tengo la impresión de que hay varios). No tengo ni la más remota idea de lo que va a pasar. Soy muy desconfiado, en particular con respecto a todo lo que tiene que ver con el Triatlón Internacional de la ciudad de Murakami.

Pero, por ahora, debo reconocer que hace buen tiempo. De pie al sol, mi traje de baño de neopreno negro se va caldeando.

Los que me rodean, con un aspecto similar al mío y tan tensos como yo, esperan sobre la arena de la playa a que dé comienzo la carrera. Es una escena muy curiosa. Parecemos unos pobres animales acuáticos que, arrastrados hasta un banco de arena y abandonados en él por un capricho de la naturaleza, aguardan a que suba la marea. Se diría que los demás atletas están sumidos en pensamientos más positivos que los míos. Pero tal vez sólo sea una impresión. De todos modos, me digo que no debo pensar demasiado en cosas vanas e innecesarias. He venido hasta aquí y ahora lo único que tengo que hacer es correr a tope. Durante unas tres horas sólo tengo que nadar, pedalear en la bicicleta y correr, sin pensar en nada.

¿Pero es que no van a dar nunca la salida o qué? Echo un vistazo a mi reloj. Apenas han transcurrido unos minutos desde la última vez que lo miré, hace un rato. Una vez que comience la carrera ya no tendré (imagino) tiempo de pensar en cosas innecesarias...

Sumando los largos y los cortos, éste es el sexto triatlón en el que participo. Pero, durante cuatro años, de 2000 a 2004, estuve alejado del triatlón. Semejante vacío se debió a que, durante el triatlón de la ciudad de Murakami del año 2000, de repente me fue imposible seguir nadando y me vi obligado a abandonar. Necesité tiempo para recuperarme del shock y volver a estar listo. Los motivos por los que me vi imposibilitado para seguir nadando tampoco estaban claros. Barajé varias hipótesis y acabé perdiendo la confianza en mí mismo. Era la primera vez en mi vida que debía abandonar en mitad de una carrera, fuera ésta del tipo que fuera.

He escrito que, por primera vez, me fue «imposible seguir nadando» pero, para ser exactos, no era la primera vez que tenía un tropiezo en la prueba de natación de un triatlón. Soy capaz de nadar a crol largas distancias con relativa facilidad, tanto en piscina como en el mar. Normalmente puedo nadar mil quinientos metros en unos treinta y tres minutos. Ese ritmo, no especialmente rápido, me permite seguir la carrera con normalidad. Me crié cerca del mar, así que estoy bastante acostumbrado a nadar en él. A menudo, a los que se entrenan siempre en piscina se les hace muy duro nadar en el mar, o éste les infunde temor, pero no es mi caso. A mí, dado que el espacio es mucho más amplio y la flotabilidad es mayor, me resulta más fácil nadar en el mar.

Sin embargo, cuando llega una carrera de verdad, algo –no sé muy bien el qué– me impide nadar bien. Me ocurrió en la carrera Tinman de Hawai (en la isla de Oahu), mientras nadaba a crol. Me lancé al agua, y ya me disponía a dar las primeras brazadas cuando, de repente, no podía respirar. No sé por qué, pero, aunque intentaba sacar la cabeza como siempre para tomar aire, no conseguía hacerlo de manera coordinada. Y, cuando la respiración no funciona como uno quiere, el miedo domina tu cuerpo y los músculos se te agarrotan. El corazón empezó a palpitarme en el pecho y las extremidades no me respondían. No podía meter la cara en el agua. Tenía lo que se llama pánico.

En la carrera Tinman, la prueba de natación es más corta de lo normal, pues sólo son ochocientos metros; así pues, en esa ocasión, renuncié al crol, cambié a la braza y conseguí superar la prueba. Sin embargo, las carreras normales, en que se nadan mil quinientos metros, no se pueden despachar nadando a braza. Comparado con el crol, a braza se tarda demasiado y, además, cuando se prolonga, las piernas acaban reventadas. Por eso en el triatlón de Murakami del año 2000 no me quedó más remedio, muy a mi pesar, que abandonar la carrera a la mitad.

Abandoné y volví a la playa, pero me daba mucha rabia dejar las cosas así, tanto que decidí intentarlo de nuevo. Por supuesto, para entonces los demás corredores ya habían salido del agua y habían pasado a la prueba de ciclismo. Así que nadé a solas en un mar completamente vacío. Entonces pude nadar a crol como la seda, sin ningún problema. Respiraba con comodidad y mi cuerpo se movía con agilidad. ¿Por qué no podré hacer lo mismo durante una carrera?

La primera vez que participé en un triatlón, la línea de salida estaba dentro del mar. Fue una *floating-start*, es decir, una salida con los corredores alineados dentro del agua. En aquella ocasión, los que estaban a mi lado me patearon fuertemente el costado varias veces. Se trata de una carrera, así que eso es inevitable. Todos intentan colocarse los primeros y tomar el trazado más corto. El que te propinen codazos o patadas, y que a causa de ellos tragues agua o se te suelten las gafas, es el pan nuestro de cada día. Pero, en mi caso, puede que el shock por la fuerte patada que recibí durante la salida de mi primera carrera me desequilibrara. Y tal vez el recuerdo de aquel golpe vuelva a mí cada vez que me dispongo a tomar la salida en una carrera. No es una explicación que acabe de convencerme, pero es muy posible que así fuera, porque el factor mental es muy importante en toda carrera.

También pudo deberse a mi forma de nadar. Nunca me ha entrenado un especialista. Mi crol es de mi propia cosecha. Puedo nadar sin especiales dificultades lo que haga falta, pero mi estilo no es elegante ni depurado. Soy más bien de los que nadan a base de fuerza. Hacía ya tiempo que había pensado que, si iba a practicar el triatlón en serio, en algún momento debía variar mi forma de nadar. En tal caso, me dije, tal vez no estaría de más que, al tiempo que investigaba las causas relacionadas con los aspectos mentales, mejorara también de paso mi estilo a crol. Puede que, mientras cubría las lagunas técnicas, los demás problemas también se fueran esclareciendo.

De ahí que durante esos cuatro años dejara mis desafíos en el triatlón. Entretanto seguía, como de costumbre, corriendo largas distancias y participando en un maratón al año. Pero, si he de ser sincero, no conseguía quitarme de la mente el fracaso de aquel triatlón. No hacía más que pensar que algún día debía tomarme la revancha. En este terreno, soy una persona porfiada. Si he intentado algo y no lo he conseguido, no me quedo tranquilo ni me doy por satisfecho hasta que por fin lo logro.

Intenté mejorar mi estilo con la ayuda de varios entrenadores de natación, pero no encontré ninguno capaz de decirme dónde radicaba la clave. En este mundo, hay mucha gente que nada muy bien, pero muy pocos son capaces de enseñarte. Ésa es la conclusión a la que llegué. Enseñar a escribir novelas también es difícil (yo, por mi parte, no me considero capaz de hacerlo), pero me temo que lo de enseñar a nadar no lo es menos. Y seguro que esto no se limita sólo a la natación y a las novelas. Sin duda hay profesores que explican determinadas materias, siguiendo determinados procedimientos y transmitiéndolos con determinadas palabras, pero creo que muy pocos serían capaces de observar al alumno, de estudiarlo, para explicarle la materia con sus propias palabras, adecuando su explicación a la capacidad y las inclinaciones de ese alumno. Tal vez debería decir que prácticamente no hay ninguno.

Los dos primeros años los malgasté buscando en vano un entrenador de natación. Cada vez que cambiaba de entrenador, el nuevo me variaba el estilo, con lo que acababa nadando de un modo deslavazado y, en los peores casos, apenas podía nadar. Por añadidura, fui perdiendo seguridad en mí mismo. No, de ninguna manera podía participar en carreras.

Las cosas empezaron a enderezarse en el momento en que di por sentado que mi estilo jamás mejoraría. Entonces mi mujer me encontró un entrenador. Ella, que nunca había sabido nadar, en el gimnasio al que suele ir conoció por casualidad a una joven entrenadora de natación que le enseñó a nadar de un modo asombroso. Y me dijo: «¿Y por qué no pruebas tú también con ella?».

La entrenadora estudió mi forma de nadar y luego me preguntó para qué quería nadar.

–Para poder participar en carreras de triatlón –contesté.

–En ese caso, lo que le interesa es poder nadar largas distancias a crol y en el mar, ¿no? –inquirió ella.

–Eso es –añadí–. No necesito la velocidad de las carreras de corta distancia.

–Entendido. Todo resulta más fácil si tenemos bien claro cuál es el objetivo que buscamos.

De esta manera comenzamos, mano a mano, a modificar y «reformar» mi estilo de natación. Eso no significa que cambiáramos por completo mi forma de nadar, ni que levantáramos el edificio de nuevo, construyéndolo sobre las cenizas del anterior. Es sólo mi opinión, pero creo que a un profesor le resulta más difícil modificar el estilo de natación de una persona que ya sabe nadar algo, que enseñar a nadar desde cero a alguien que no sabe. Y es que cuesta mucho corregir los vicios y las irregularidades de un modo de nadar. Por eso ella se dedicó a rectificar, uno por uno y tomándose todo el tiempo necesario, los más nimios movimientos de mi cuerpo.

La peculiaridad del método de esta entrenadora radicaba en que, ya desde un principio, no intentaba enseñarte el estilo «oficial», el correcto según los libros de texto. Por ejemplo, para enseñarme a efectuar debidamente el movimiento giratorio del tronco, empezó por enseñarme a nadar sin mover éste. Los que hemos aprendido por nuestra cuenta a nadar a crol tendemos a estar demasiado pendientes del movimiento del tronco y, en consecuencia, a exagerarlo. Debido a ello y, en contra de lo esperado, la resistencia del agua se hace mayor, con lo que la velocidad disminuye. De ese modo se gasta inútilmente mucha energía. Así pues, primero me enseñó a nadar sin girar el tronco, como si fuera una tabla. O sea, que me enseñó a hacer exactamente lo contrario de lo que recomiendan los libros sobre natación. Claro está, no hay quien nade con fluidez de esa forma. Tienes la sensación de que te has vuelto un nadador horrible. Pero, si persistes en tu empeño y continúas haciendo lo que te han dicho, al final consigues nadar de esa forma tan fea e ilógica.

Entonces ella va incorporando, muy poco a poco, el movimiento giratorio del tronco. Además, nunca te dice cosas como: «Éste es el entrenamiento para el giro del tronco», sino que simplemente te va enseñando movimientos sueltos. Y el alumno, que ignora la finalidad concreta de esas prácticas, se limita a mover diligentemente cada una de las partes de su cuerpo tal y como le han indicado. Si se trata de la manera de rotar los hombros, se le pide que la repita una y otra vez hasta que la aborrece. A veces se requiere un día entero para aprender sólo la rotación de los hombros. Al principio es agotador e insulso, pero después, cuando miras atrás, lo comprendes y te dices: «¡Ah, claro, era para eso!». Todas las piezas encajan, atisbas la imagen de conjunto y, por primera vez, comprendes la función de cada pieza. Es como cuando el cielo clarea al amanecer y las formas y tonalidades de los tejados de las casas, hasta entonces tan sólo vislumbradas vagamente, empiezan a distinguirse con nitidez.

Podría compararse a aprender a tocar la batería. Primero debes ensayar exclusivamente con el bombo durante un montón de días. Luego debes practicar sólo con los timbales otro montón de días. Después te centras sólo en los toms... Resulta monótono y muy aburrido. Pero, cuando todo se aúna, se convierte en una máquina rítmica y bien coordinada; y para llegar a eso hay que ir apretando los tornillos de cada pieza con perseverancia, severidad y paciencia. Por supuesto, lleva su tiempo. Pero, en algunos casos, invertir tiempo es el camino más corto. Así, al cabo de un año y medio, era capaz de nadar largas distancias con un estilo relativamente más eficaz y mucho más elegante que antes.

Además, mientras me entrenaba en natación, comprendí una cosa: durante la carrera no había podido respirar bien al nadar a crol debido a la «hiperventilación». Caí en la cuenta cuando experimenté los mismos síntomas mientras nadaba en la piscina. Resultaba que antes de la salida respiraba demasiado rápido y demasiado profundamente. Tal vez era por el nerviosismo previo a la carrera, pero el caso es que tomaba excesivo oxígeno y de manera muy rápida. Por eso, cuando di las primeras brazadas, mi respiración se aceleró, mientras yo jadeaba, y no conseguía coordinarla con el resto de los movimientos.

Cuando por fin di con lo que podía ser un motivo, me sentí muy aliviado. Por lo pronto, tenía que evitar que se produjera esa hiperventilación. Procurar entrar en el agua antes de que comenzara la carrera, nadar un poco y así ir preparando el cuerpo y la mente. Respirar de forma moderada para evitar la hiperventilación y aspirar el aire cubriéndome la boca con la palma de la mano para no tomar demasiado oxígeno. Y concluí: «Con esto ya es suficiente. Has conseguido cambiar radicalmente tu estilo».

Así que, cuatro años después, volví a enfrentarme a un triatlón en la edición de 2004 del de Murakami. Por fin dio comienzo la carrera. Al sonar la sirena, todos los participantes nos lanzamos a nadar y alguien me patea el costado. Me sobresalto. Por un instante, el temor a volver a fallar recorre de nuevo mi mente. Trago un poco de agua. Me planteo cambiar y nadar a braza, al menos provisionalmente. Pero me recupero. No, no hay necesidad de ello. Seguro que todo va bien. Controlo mi respiración y empiezo de nuevo con los movimientos del crol. Más que en tomar aire, me concentro en soltarlo debajo del agua. Llega a mis oídos ese burbujeo que ya echaba de menos. Eso es. Muy bien. Noto cómo mi cuerpo va remontando bien las olas.

Así conseguí dominar el pánico de los momentos iniciales y terminar el triatlón. Como había dejado éste durante mucho tiempo y no había podido prepararme bien para la prueba ciclista, no era como para dar saltos de alegría. Pero mi primer objetivo, eliminar de raíz la humillación que hubiera supuesto un abandono, eso sí lo había logrado. Sentí un gran alivio.

Al presentarse el problema de la hiperventilación me di cuenta de que yo siempre me había considerado alguien un poco pánfilo y cachazudo, pero lo cierto es que descubrí en mí inusitados rasgos propios de una persona nerviosa y susceptible. Tampoco yo, que soy el afectado, imaginaba que en los momentos previos a la salida me ponía tan nervioso. Pero lo estaba, y bastante. Como casi todo el mundo. Y es que, por muy mayor que uno se haga, mientras viva siempre descubre cosas nuevas sobre uno mismo. Por mucho tiempo que uno pase desnudo escrutándose ante el espejo, éste nunca llegará a reflejar su interior.

Y aquí estoy de nuevo, el 1 de octubre de 2006, en una mañana despejada de un domingo otoñal, a las nueve y media, en la ciudad de Murakami, prefectura de Niigata, esperando de pie al borde del mar a que den la salida de la carrera. Estoy algo inquieto, pero también muy atento a no caer en la hiperventilación. Compruebo una vez más mi equipamiento, por si acaso. Llevo bien puesta la pulsera de tobillo para el seguimiento por ordenador; me he untado el cuerpo de vaselina para poder quitarme con mayor facilidad y rapidez el traje de baño cuando salga del agua; también he hecho meticulosamente los estiramientos; he bebido el agua necesaria, y he pasado por el servicio. No me he olvidado de nada. O eso espero.

Como ya he participado en esta carrera un montón de veces, entre los participantes veo caras que me suenan de ocasiones anteriores. Mientras esperamos, nos saludamos dándonos la mano y charlamos de cosas intrascendentes. A mí no se me dan muy bien las relaciones personales, pero con los corredores de triatlón sí hablo con comodidad y franqueza. Somos una raza más bien peculiar en nuestra sociedad. Piénsenlo. La mayoría de los corredores tienen que atender a sus familias y a sus trabajos, y además tienen que lidiar a diario con los entrenamientos (por cierto, bastante duros) de natación, ciclismo y carrera de fondo. Por supuesto, eso les roba tiempo y energías. Sin duda, para los estándares sociales, no puede decirse que lleven una vida como es debido. No tenemos mucho derecho a quejarnos si nos llaman raros o excéntricos. Por eso, aunque no sea algo tan pretencioso como para calificarlo de «sentimiento de solidaridad», existe vagamente entre nosotros, como esa tenue bruma que se forma en las cumbres montañosas a finales de primavera, algo así como un cálido sentimiento común. Por supuesto, se trata de una carrera, así que los factores victoria y derrota sin duda también están presentes; pero creo que, en general, para el triatleta, acudir a una carrera significa participar en un ceremonial en el que se constata el estado de ese sentimiento común (o sea, la forma y tonalidad de la bruma), y eso le importa mucho más que el hecho de ganar o perder.

El triatlón de Murakami es un evento deportivo muy adecuado para ello. El número de participantes no es muy elevado (entre trescientos y cuatrocientos) y la organización tampoco es muy aparatosa. Es un triatlón artesanal de una pequeña ciudad de provincias. La gente de la ciudad acude a jalear y animar vivamente a los corredores. Este ambiente sosegado y sencillo, sin excesos ni artificios, casa con mi gusto. Y, al margen de la carrera, en la zona hay fuentes termales bastante caudalosas, la comida es muy buena y el sake local (en particular el Shimehari Tsuru) es excelente. Como he participado varias veces en ese triatlón, mis conocidos en la zona también han ido aumentando gradualmente, e incluso hay gente que viene expresamente desde Tokio para animarme.

A las 9:56 suena la sirena de la salida. Todos comenzamos a nadar a crol al unísono. Es el instante de mayor presión.

Yo también me zambullo en el agua de cabeza, bato las piernas y me impulso remando con los brazos. Ahuyento de mi cabeza las ideas que están de más y me concentro, más que en tomar aire, en expulsarlo. El corazón me palpita. No consigo coger bien el ritmo. Mi cuerpo está algo tenso. Como ya es habitual, alguien me patea en la clavícula. Otro se me echa encima; es como si una tortuga se colocara sobre el caparazón de otra. Debido a ello trago agua, no mucha. Me digo que no debo perder la calma. No me puede entrar el pánico. Respiro regularmente repetidas veces. Eso es lo más importante. Entonces noto cómo, lentamente, rayita a rayita, la aguja indicadora del nerviosismo de mi cuerpo baja mientras éste se distiende. Sí, así parece que voy bien. Si puedo seguir nadando así, voy bien. Una vez cogido el ritmo, sólo tengo que mantenerlo.

Pero, inmediatamente, surge un problema (en cierto modo inevitable, tratándose de una carrera de triatlón) con el que no contaba en absoluto. Sin dejar de nadar a crol, levanto la cabeza para mirar hacia delante y confirmar que avanzo en la buena dirección, cuando, estupefacto, me doy cuenta de que no veo bien. Tengo las gafas empañadas. Mi mundo se ha vuelto de un turbio color blanco, como si una densa niebla lo hubiera cubierto todo. Dejo de nadar y, flotando, quito el vaho de las gafas con los dedos. Sigo sin ver bien lo que tengo por delante. ¿Por qué será? Llevo las gafas de siempre. Además, he practicado bastante la comprobación del campo visual sin dejar de nadar. Entonces, ¿qué me ocurre? De repente caigo en la cuenta. Antes, al acabar de untarme el cuerpo con vaselina, no me he lavado las manos. Y luego, por descuido, he frotado bien las gafas con los dedos. No te digo... ¡Si seré estúpido! Antes de la salida siempre froto los cristales de las gafas con saliva. De ese modo el interior no se empaña. Y, precisamente esta vez, tenía que haberme despistado.

Hice los mil quinientos metros de la prueba de natación con las gafas empañadas. Me salía una y otra vez del recorrido y nadaba en dirección equivocada, con lo que perdí un montón de tiempo. De vez en cuando tenía que detenerme, manteniéndome a flote, quitarme las gafas y comprobar si iba por la ruta correcta. Imagínense a un niño con los ojos vendados intentando romper una sandía con un palo y se harán una idea bastante aproximada.

Bien pensado, habría sido mejor que me hubiera quitado las gafas y punto. Ojalá se me hubiera ocurrido seguir nadando sin ellas. Pero en plena carrera, y completamente ofuscado, el cerebro no me daba para tanto. Entre unas cosas y otras, la prueba de natación fue desesperante. Mi tiempo fue incluso peor de lo que ya esperaba. Estaba bien preparado, me había entrenado en serio, y sin duda podría haber nadado más rápido. Sin embargo, por lo pronto, pude nadar hasta el final, sin abandonar ni quedarme descaradamente rezagado, y creo que, al menos en las ocasiones en que nadé recto, lo hice de un modo bastante digno.

Al llegar a la playa, voy directo hacia el lugar en el que se encuentra mi bicicleta (algo a simple vista sencillo, pero que es insospechadamente difícil), me quito el opresivo traje de natación con presteza, como si me lo arrancara, me calzo las zapatillas de ciclismo, me pongo el casco y las gafas de protección contra el sol y el viento, bebo unos tragos de agua y, tras ello, salgo a pedalear. Efectúo toda esa sarta de acciones de un modo mecánico. En un visto y no visto, yo, que hasta hace un instante chapoteaba nadando en el mar, me encuentro pedaleando y cortando el viento a treinta kilómetros por hora. Esto, por más veces que lo haya experimentado, siempre me produce cierta extrañeza. El efecto de la gravedad es diferente, y diferentes son también la velocidad, las reacciones y los músculos que se utilizan. Es como si una salamandra hubiera evolucionado súbitamente y se hubiera transformado en un avestruz. Pero, se mire como se mire, la cabeza no puede cambiar tan de repente. Incluso el cuerpo se encuentra desorientado. No conseguía coger el ritmo y, en un abrir y cerrar de ojos, me adelantaron unos siete ciclistas. Aunque me decía: «¡Así vamos fatal, ¿eh?!», no logré adelantar a nadie hasta el punto de retorno.

El recorrido de la carrera ciclista discurre por la famosa costa de Sasagawa Nagare, un bellísimo paraje con curiosas rocas que sobresalen del mar (aunque yo no pude dedicar mucho tiempo a contemplar el paisaje). La ruta asciende desde la ciudad de Murakami hacia el norte bordeando la costa y da la vuelta al llegar al límite con la prefectura de Yamagata, para regresar por el mismo trazado. Hay varios tramos de desniveles, pero no son tan pronunciados. Sin preocuparme por si adelanto o me adelantan, avanzo con firmeza en un desarrollo suave y concentrado en intentar mantener un ritmo constante de pedaleo. Periódicamente, estiro la mano hasta el botellín de agua y bebo rápidamente unos sorbos. Mientras lo hago, voy encontrándome cada vez más a gusto. Pasado el punto de retorno, me siento capaz de apretar un poco más, así que cambio con determinación a un desarrollo más duro, aumento la velocidad y, en la segunda mitad de la carrera, rebaso a unos siete corredores. Como no hacía excesivo viento, he podido pedalear con dinamismo. Cuando el viento sopla fuerte, los ciclistas que, como yo, no tienen mucha experiencia, se desmoralizan bastante; y es que, para conseguir que el viento se ponga de tu lado, además de cierta técnica se requiere mucha experiencia. En cambio, si no hace viento, es simplemente una cuestión de piernas. Al final, corro esos cuarenta kilómetros a una velocidad algo superior a la que esperaba y, tras ello, me calzo mis añoradas zapatillas de correr y paso a la última prueba: la carrera de fondo.

Debido a que me he dejado llevar por la euforia durante la segunda mitad de la prueba de ciclismo y he gastado demasiadas energías en ella, la transición a la de carrera de fondo se me presenta muy dura. Lo lógico habría sido ahorrar fuerzas durante la última parte de la prueba de ciclismo para pasar a la de fondo con energías de reserva, pero en plena carrera la mente no te da para tanto. Así que me lancé a la prueba de fondo tal como venía de la anterior: a todo gas. Como era de prever, las piernas no me obedecían. Aunque mi mente les decía: «¡Venga, a correr!», los músculos de las piernas no le obedecían. Lo que es correr, corría, pero apenas tenía la sensación de estar haciéndolo. No obstante, ya estoy habituado a esto, porque me sucede cada vez que compito en una carrera de triatlón. Ocurre que, como los músculos que han trabajado con dureza durante más de una hora en la prueba ciclista siguen «en activo», a los que tienen que intervenir para la prueba de carrera de fondo les cuesta lo suyo arrancar. El cambio de raíl que supone pasar de unos músculos a otros requiere cierto tiempo. Durante más o menos los tres primeros kilómetros, mis piernas estuvieron prácticamente bloqueadas. Después puede ya, por fin, «correr». En esta ocasión, había tardado más que de costumbre. De las tres pruebas, la que mejor se me da es la carrera de fondo, y en ésta, en condiciones normales, adelanto tranquilamente a unos treinta corredores. Esta vez no fue así: sólo pude rebasar a unos diez o quince. En la anterior prueba, la de ciclismo, me adelantaron muchos. Así que, lo uno por lo otro, al final aún conseguí que la cosa quedara más o menos igualada. Es una lástima que el resultado de la carrera de fondo no fuera como para dar saltos de alegría, pero, a cambio, las diferencias entre lo que se me da bien y lo que se me da mal se redujeron y el tiempo global quedó bastante compensado, de modo que tal vez me esté aproximando cada vez más, poco a poco, a las características físicas propias de un triatleta. Cosa que, supongo, debería alegrarme.

Atravieso a buen ritmo las calles de la vieja y hermosa ciudad de Murakami mientras me animan a gritos los (creo) lugareños y alcanzo la meta intentando exprimir hasta la última gota de mis energías. Es un instante de felicidad. Aunque hayas pasado muchos malos ratos, aunque la carrera no haya ido como tú esperabas, una vez que rebasas la línea de meta todo eso se desvanece. Tras retomar el aliento, le doy un apretón de manos con una sonrisa al dorsal 329, con el que he venido compitiendo desde la prueba de ciclismo, adelantándonos sin tregua el uno al otro: «¡Magnífica carrera! ¡Enhorabuena!». En el último tramo había aumentado el ritmo y a punto estuve de rebasarlo; sólo me faltaron unos tres metros. Al poco de empezar a correr se me desataron los cordones y tuve que detenerme un par de veces para atármelos, con lo que perdí bastante tiempo. De no haber sido por eso, seguro que lo habría adelantado (esto es una hipótesis optimista). Aunque, por supuesto, toda la responsabilidad es mía por no haber revisado bien las zapatillas antes de la carrera.

Pero, en fin, el caso es que la carrera terminó y yo conseguí cruzar felizmente la meta, instalada delante del ayuntamiento de la ciudad de Murakami. No había sufrido lesiones ni reventones, picaduras de medusas malignas ni ataques de osos brutales, persecuciones de avispas ni caídas de rayos sobre mi persona. Mi mujer, que me esperaba en la meta, tampoco había descubierto ningún aspecto desagradable relacionado con mi vida privada. Se limitó a felicitarme diciéndome: «¡Qué bien, ¿eh?!». Uf, menos mal.

Lo que más feliz me hizo fue haber podido disfrutar honestamente, en lo más profundo de mí mismo, de la carrera. Mi tiempo no fue como para presumir delante de los demás. Y cometí un montón de pequeños fallos. Pero, a mi manera, lo di todo, y los efectos de esa entrega permanecen, siquiera tenuemente, en mi interior. Además creo que, gracias a esta carrera, he conseguido mejorar en algunos aspectos. Y eso no es algo nimio. Porque el triatlón –dado que en él se combinan tres disciplinas distintas, con la dificultad que entraña tener que solventar los enlaces entre ellas– es un deporte en el que la experiencia habla por sí misma y desempeña un papel fundamental. A base de experiencia se pueden ir supliendo las carencias y diferencias en lo que respecta a la capacidad física. Dicho de otro modo, lo divertido y lo interesante del triatlón es precisamente lo que se va aprendiendo con la experiencia.

Por supuesto, físicamente resultó muy duro y, en

el plano psicológico, viví también momentos de gran decaimiento. Pero esa dureza viene a ser algo así como una premisa para los deportes de esta índole. Si el sufrimiento no formara parte de ellos, ¿quién iba a tomarse la molestia de afrontar desafíos como un maratón o un triatlón, con la inversión de tiempo y esfuerzo que conllevan? Precisamente porque son duros, y precisamente porque nos atrevemos a arrostrar esa dureza, es por lo que podemos experimentar la sensación de estar vivos; y si no experimentamos esa sensación plenamente, sí al menos de manera parcial. Y, a veces (si todo va bien), podemos aprender que lo que de veras da calidad a la vida no se encuentra en cosas fijas e inmóviles, como los resultados, las cifras o las clasificaciones, sino que se halla, inestable, en nuestros propios actos.

Mientras conducía en el camino de vuelta desde Niigata a Tokio, vi a varias personas que regresaban de la carrera con las bicicletas sujetas a los techos de sus coches. Gente bronceada y de complexión fuerte. Cuerpos de triatletas. Había terminado nuestra modesta carrera dominical de principios de otoño y volvíamos a nuestras casas y a nuestras rutinas. Y, cada uno en su ciudad, nos entrenaríamos en silencio como hasta ahora (supongo) para preparar la siguiente carrera. Aunque este tipo de vida, vista desde fuera (o tal vez desde muy arriba), pueda parecer efímera, inútil y sin mucho sentido, o sumamente ineficaz, me digo que hay que resignarse a lo que hay. Y aunque realmente no se trate sino de un acto vano, como verter agua en una vieja olla agujereada, al menos siempre quedará el hecho de haber realizado el esfuerzo. Tendrá su utilidad o no, será o no atractiva a los ojos de los demás, pero, en definitiva, lo más importante para nosotros es, en la mayoría de los casos, algo que no puede verse con los ojos (aunque sí sentirse con el corazón). Y, a menudo, las cosas verdaderamente valiosas son aquellas que sólo se consiguen mediante tareas y actividades de escasa utilidad. Tal vez sean tareas y actividades vanas, pero jamás estúpidas. Eso pienso yo. Pienso así tanto por mi sentir, como por mi experiencia.

Por descontado, ignoro hasta cuándo podré mantener ese ciclo de tareas y actividades de escasa utilidad. Pero, por lo pronto, ya que hasta ahora he venido realizándolas con perseverancia y sin hastiarme, pienso intentar seguir realizándolas mientras pueda. Y es que las carreras de larga distancia han ido educando y formando (en mayor o menor medida, para bien o para mal) a esta persona que soy yo ahora. Así que presumo que, en adelante y mientras me sea posible, tendré que seguir viviendo y sumando años junto a todo lo que tenga que ver con ellas. Supongo que ésa es también una (y no pretendo calificarla de coherente) forma de vivir. O, mejor dicho, es la única que a estas alturas puedo elegir, ¿no?

En esos pensamientos se perdía mi mente mientras iba con las manos al volante.

Supongo que el próximo invierno tendré que volver a correr otro maratón en alguna parte del mundo. Y supongo que, en el verano del año que viene, tendré que enfrentarme de nuevo a una carrera de triatlón en algún otro lugar. De este modo irán sucediéndose las estaciones y transcurriendo los años. Yo cumpliré un año más y tal vez escriba una novela más. De cualquier modo, tomaré en mis manos las tareas que en ese momento tenga frente a mí y las iré despachando una a una con todo mi empeño. Me concentraré en cada una de las zancadas que deba dar. Pero, al mismo tiempo, intentaré reflexionar sobre las cosas con la mayor amplitud de miras posible y ver los paisajes lo más alejados que pueda. Porque está claro que soy un corredor de largas distancias.

Los tiempos individuales, el puesto en la clasificación, tu apariencia, o cómo te valore la gente, no son más que cosas secundarias. Para un corredor como yo, lo importante es ir superando, con sus propias piernas y con firmeza, cada una de las metas. Quedarse convencido, a su manera, de que ha dado todo lo que tenía que dar y de que ha aguantado como debía. Ir extrayendo alguna enseñanza concreta (no importa lo nimia que sea, pero que sea lo más concreta posible) de las alegrías y los fracasos. Y, a base de tiempo y de años, ir acumulando una por una carreras de ese tipo para, finalmente, sentirse satisfecho. O, tal vez, aproximarse, siquiera un poco, a *algo parecido* a eso (sí, tal vez esta expresión sea más adecuada).

Si algún día quisieran grabarme un epitafio y pudiera elegir yo las palabras, me gustaría que dijera lo siguiente:

HARUKI MURAKAMI
Escritor (y corredor)
(1949-20**)
Al menos aguantó sin caminar hasta el final

En estos momentos, eso es lo que desearía.

Epílogo
Por los caminos de todo el mundo

Tal como se indica al inicio de cada capítulo, los textos que componen este libro se escribieron entre el verano de 2005 y el otoño de 2006. Como no eran textos que uno pueda escribir de un tirón, los fui elaborando poco a poco, intercalándolos entre los demás trabajos que tenía entonces entre manos. En esas ocasiones, me preguntaba a mí mismo: «¿En qué pienso en estos instantes?». Por eso, aunque no sea un libro muy extenso, transcurrió bastante tiempo desde que empecé a escribirlo hasta que lo terminé, y, cuando lo di por finalizado, tuve que revisarlo minuciosa y concienzudamente.

Hasta ahora he publicado unos cuantos diarios de viaje y recopilaciones de ensayos, pero, precisamente porque apenas había tenido la oportunidad de escribir como lo he hecho ahora, esto es, tomando un único tema como eje central y contando directamente cosas sobre mí, tuve que revisar los textos con sumo cuidado. No me gusta hablar demasiado de mí mismo, pero, por otro lado, si no contaba honestamente lo que debía contar, habría carecido de sentido decidirme a escribir un libro como éste. Y esa suerte de delicado equilibrio no se vislumbra ni se alcanza si uno no relee una y otra vez los textos, dejándolos reposar un tiempo entre una lectura y otra.

Creo que este libro es algo así como unas «memorias». Sería exagerado llamarlo autobiografía, pero se me hace muy difícil calificarlo sólo de ensayo. Parecerá que repito lo que ya he dicho en el prólogo, pero, por lo que a mí respecta, me apetecía tratar de ordenar, a mi manera y utilizando como mediador el hecho de correr, mis ideas sobre cómo he vivido durante los últimos veinticinco años, en tanto que novelista y en tanto que persona normal y corriente. Sin duda los criterios que establecen hasta qué punto el novelista debe aferrarse a su novela y hasta qué punto debe hacer pública su verdadera voz serán distintos para cada persona, de modo que no se puede generalizar. En lo que a mí respecta, mediante la escritura de este libro esperaba, en la medida de lo posible, descubrir cuáles eran esos criterios en mi caso concreto. Si lo he conseguido o no es algo de lo que tampoco estoy aún muy seguro. Pero, en el instante en que terminé de escribirlo, tuve la ligera sensación de que con ello había conseguido liberarme de una carga que llevaba desde hacía mucho tiempo sobre mis espaldas. Así pues, tal vez lo escribí en el momento más indicado.

Desde que terminé esta obra he participado en unas cuantas carreras. A principios de 2007 tenía previsto acudir a un maratón en Japón, pero justo antes de la carrera me resfrié (algo poco frecuente en mí) y no pude correr. Si lo hubiera hecho, habría sido mi vigésima sexta carrera, pero, finalmente, la temporada que va desde el otoño de 2006 hasta la primavera de 2007 terminó sin que corriera ni un solo maratón. Me quedó el resquemor, pero en la próxima temporada pienso volcarme en cuerpo y alma. Como contrapartida, en mayo participé en el triatlón de Honolulú, una competición de categoría olímpica. Conseguí terminarla y disfruté sobremanera, me sentí bien y no tuve contratiempos. Mi tiempo también fue algo mejor que en ocasiones anteriores. Además, como residí durante aproximadamente un año en Honolulú, pensé que era una buena oportunidad para apuntarme a una especie de «Academia de Triatlón» que existe allí y en la que entrené junto a la gente de Honolulú durante unos tres meses, a razón de tres veces por semana. El programa de entrenamiento resultó muy eficaz y además hice algunos amigos («triatmigos») entre los miembros del grupo.

De este modo, correr un maratón en la época de frío y participar en un triatlón durante el verano se está convirtiendo en mi ciclo vital. Como la temporada nunca acaba, siempre estoy bastante ocupado, pero, por lo que a mí respecta, no tengo la menor intención de quejarme por el hecho de que las diversiones de mi vida vayan en aumento.

Para ser franco, no negaré que me atrae la idea de participar en un triatlón serio de la categoría del Ironman, pero si me embarcara en un proyecto de esa envergadura, los entrenamientos diarios me robarían mucho tiempo (sí, sin duda sería así), con el riesgo de que eso acabara interfiriendo en mi trabajo. Por ese mismo motivo decidí no seguir avanzando por la senda de las ultramaratones. En mi caso, sigo haciendo ejercicio de esta manera para, principalmente, mantener y mejorar mi forma física y, así, poder escribir novelas sin decaer; de modo que, si mi tiempo para escribir se viera reducido por culpa de los entrenamientos y las carreras, ello supondría una absurda inversión de mis prioridades o, cuando menos, un fastidio. Por eso en la actualidad me mantengo en una etapa de relativa moderación.

De todos modos, tengo muchos recuerdos derivados del hecho de haber corrido a diario durante un cuarto de siglo.

Una de las anécdotas que recuerdo bien es la ocasión en que el escritor John Irving y yo corrimos juntos por Central Park en 1984. Entonces yo estaba traduciendo su novela *Libertad para los osos* y, cuando fui a Nueva York, le pedí que me concediera una entrevista. Me contestó: «No tengo tiempo, estoy muy ocupado, pero por la mañana voy a hacer *footing* a Central Park; si te vienes a correr conmigo, podremos hablar entonces». Así que hablamos de muchas cosas mientras corrimos juntos por el parque a primera hora de la mañana. Obviamente, no pude ni grabar ni tomar notas, pero, al menos, quedó en mi memoria el grato recuerdo de haber corrido con él, hombro con hombro, a través de aquel transparente y fresco aire.

En la década de los ochenta, cuando corría por Tokio cada mañana, solía cruzarme con una joven encantadora. Como nos cruzamos a menudo durante varios años, nos conocíamos de vista, y cada vez que nos veíamos, nos saludábamos mutuamente con una sonrisa; sin embargo, nunca llegué a hablar con ella (debido a mi timidez) y, por supuesto, ni siquiera sé cómo se llamaba. Pero volver a ver su cara todas las mañanas constituía una de mis pequeñas alegrías en aquella época. Si no fuera por esas pequeñas satisfacciones, me sería muy difícil salir a correr cada mañana.

Otra de las experiencias que también se me ha quedado bien grabada es la de haber corrido por el altiplano de Boulder, en Colorado, junto a la corredora Yuko Arimori, ganadora de la medalla de plata en el maratón de Barcelona 92. Por supuesto, se trató solamente de un suave *footing*, pero ir desde Japón hasta un altiplano situado a cerca de tres mil metros sobre el nivel del mar, y ponerme a correr de repente, provocó que mis pulmones se quejaran, la cabeza me diera vueltas, la garganta se me resecara y fuera incapaz de seguir su ritmo. Por su parte, Arimori se limitó a mirarme por el rabillo del ojo y a preguntarme: «¿Le pasa algo, señor Murakami?». Qué duro es el mundo de los profesionales (aunque en realidad ella es toda amabilidad). De todos modos, hacia el tercer día mi cuerpo ya se había ido acostumbrando a la escasez de oxígeno y pude disfrutar de un refrescante *footing* por las Montañas Rocosas.

En efecto, haber podido conocer a tanta gente gracias a mi afición por correr ha sido otra de mis satisfacciones. Además, muchos me han ayudado y animado. Llegados a este punto, debería, como ocurre en la ceremonia de entrega de los Oscar, expresar mi agradecimiento a muchísimas personas, pero si tuviera que mencionar uno por uno sus nombres no acabaría nunca y, además, no significaría mucho para la mayoría de los lectores, así que me limitaré a decir lo que viene a continuación.

Para titular mi libro, me he inspirado en el título del volumen de relatos cortos de mi venerado escritor Raymond Carver, *De qué hablamos cuando hablamos de amor;* quisiera agradecerle a su esposa, Tess Gallagher, su amabilidad al concederme permiso para utilizarlo. Asimismo, deseo expresar mi más profundo agradecimiento a mi paciente editora, Midori Oka, que llevaba más de diez años esperando que terminara la presente obra.

Y, por último, quiero dedicar este libro a todos los corredores con los que hasta ahora me he cruzado por los caminos de todo el mundo, así como a todos los que alguna vez adelanté o me adelantaron en el curso de una carrera. Si no fuera por vosotros, sin duda yo no hubiera podido seguir corriendo hasta ahora.

Haruki Murakami
Cierto día de agosto de 2007